Contents
目次

はじめに 5

1. 基本的な考え方
   Q1 著作物を使うときの手順 7
   Q2 著作権法の解釈に迷ったら 8
   Q3 「編集著作権」の内容 9
   Q4 電子媒体の著作権 9

2. 利用規約，契約を軸に考える
   Q5 自由に使える著作物 10
   Q6 クリエイティブ・コモンズ・ライセンスとは 11
   Q7 自治体合併と契約の継承 12
   Q8 電子ジャーナルの記事・論文の複製 12
   Q9 「禁無断転載」と記載された図書 13
   Q10 書籍や雑誌に記載されている URL 等の考え方 13
   Q11 出版社が「貸出は禁止」と言った場合 13
   Q12 「新着案内」などに著作物の表紙や図版を掲載する場合 14
   Q13 HP・SNS の書影の利用の考え方 15

3. 著作権の働く行為を軸に考える
   Q14 除籍本廃棄 17
   Q15 しおりにアニメのキャラクターのイラスト 17
   Q16 図書館で新聞の回覧をしてよいか 18
   Q17 本や新聞切抜の掲示 18
   Q18 ボランティアが持ち込んだ手作り人形の展示 19
   Q19 市販のぬいぐるみの展示 19
   Q20 表紙や帯，廃棄図書の利用 19

4. 権利制限規定を軸に考える

- Q21　館内に音楽を流す場合　20
- Q22　対面朗読　20
- Q23　演奏会　21
- Q24　読み聞かせ　22
- Q25　上映会　22
- Q26　オンラインでの対面朗読　23
- Q27　録音資料等の作成　24
- Q28　図書館資料を借りた人の著作権法違反についての図書館の責任　25
- Q29　図書館のDVDを借用者が複製や上映　26
- Q30　雑誌の最新号の貸出し　26
- Q31　公共図書館は法35条の教育機関に該当するか　27
- Q32　イベントで図書館資料のコピーの配付（読書会用テキストの複写）　28
- Q33　図書館におけるオンライン授業　28
- Q34　広報誌への短い著作物の転載　28
- Q35　再生手段がなくなった資料の媒体変換　29
- Q36　デジタル資料の複製や貸出し　30
- Q37　図書館資料の電子化　30
- Q38　図書館資料の文書や絵の電子化　31
- Q39　逐次刊行物の欠号の複写　31

5. 権利制限規定を軸に考える（複写サービス）

5.1 複写サービスの根拠規定

- Q40　学校図書館・専門学校図書館における複写サービス　32
- Q41　法31条の図書館等とは（複合施設における複写サービス）　33
- Q42　複写サービスにおける法31条の遵守　33
- Q43　インターネット上の情報のプリントアウト　34
- Q44　職員とは（司書でない職員による複写サービス）　35
- Q45　図書館の資料をスマホで複製する利用者への対応　35
- Q46　図書館の複写機で利用者の私的使用の複写を許す場合の問題点　36

  Q47 利用者に代わって他館に複写を依頼する場合　37

5.2 法31条の構造

  Q48 コイン式複写機の利用　37

  Q49 複写サービス時の実費　38

  Q50 企業に対する複写サービス　38

  Q51 領収書の宛名　39

  Q52 複写申込書の要不要　39

  Q53 未公表著作物の複写や閲覧　40

  Q54 全体を分割して複写を依頼された場合　40

  Q55 相互貸借で借り受けた資料の複写　41

  Q56 名簿の複写　41

  Q57 人権侵害にかかわる資料の複写を拒否する場合　42

  Q58 メールやファクシミリによる著作物の送信　42

  Q59 発行後相当期間を経過した定期刊行物の複写　43

  Q60 定期刊行物の掲載著作物が図書になった場合の複写範囲　44

  Q61 国等の周知目的資料　45

5.3 法31条によって複写できる範囲

  Q62 レシピ　46

  Q63 型紙　46

  Q64 短編集　47

  Q65 俳句や短歌，百科事典　47

  Q66 楽譜や詩　48

  Q67 電話帳「タウンページ」　49

  Q68 コミックの単行本　49

  Q69 住宅地図　50

  Q70 絵画や写真　50

  Q71 論文集　51

  Q72 新聞　52

6. 保護期間・保護の対象となる著作物を軸に考える

 Q73 復刻版の著作権　54

 Q74 電話帳の著作物性　54

 Q75 パネルシアター　55

7. 許諾・裁定制度，その他

 Q76 許諾の取り方　56

 Q77 裁定制度　57

 Q78 著作権侵害が確定した資料　57

 Q79 デジタルアーカイブにおける肖像権　58

 Q80 参考になるウェブ上の情報源　58

資料

 ○図書館間協力における現物貸借で借り受けた図書の複製に関するガイドライン　60

  ・「図書館間協力における現物貸借で借り受けた図書の複製に関するガイドライン」に関するQ&A　62

 ○複製物の写り込みに関するガイドライン　64

  ・「複製物の写り込みに関するガイドライン」に関するQ&A　65

 ○映画上映会関係　66

  了解事項　66

  合意事項　67

  実施要項　69

  図書館におけるビデオ映画上映の基本的方針と上映作品選定の基準について　70

はじめに

　日本図書館協会から『図書館活動と著作権Q&A』が2000年（第2刷は2001年）に出版されてから，20年以上が経ちました。この20年の間に，著作権法とそれを取り巻く環境は大きく変わりました。著作権法は数年ごとに改正され，著作権の存在は一般に膾炙しており，いまや多くの方が著作権に関心を寄せています。多くの著作物がスマートフォンやソーシャルメディアを通じて生み出され，「国民皆著作者」という様相すらあります。

　図書館は多数の著作物を所蔵し，日々の図書館サービスは著作権法に基づいて行なわれます。そのため，図書館員は著作権について学ぶ必要がありますが，いくたびの変遷を経た著作権法を簡素に理解するのは骨が折れるかもしれません。

　図書館サービスにおいて，著作権法の諸規則を根拠に，問題なくできそうだということと，これはやってはいけないということについて，図書館員の理解はとても深まっていると思います。しかし，その間には無数のグラデーションがあり，どのようにそれらを判断するべきかは私たち図書館員を悩ませます。

　本書は，日本図書館協会著作権委員会委員による共同執筆です。委員会では，著作権関係の動向を把握しながら問題の発見に努め，その問題の対応に関する検討・報告・折衝を行ない，問題の改善・解決を目指しています。著作権委員会の研究や経験をもとに，本書の中で参考になりそうな考え方を整理しました。図書館員は，図書館活動を行なう上で悩みに直面したときに，諸規則や図書館サービスが生み出すそれぞれの利益の均衡を考え，著作者，出版者，利用者，図書館，設置母体など，さまざまな関係者にとってよい落としどころを見つけ出すことが求められます。その過程において本書が少しでも役に立つことを願ってやみません。

　本書を上梓できたのは，さまざまな方のご協力の賜物です。弁護士の前田拓郎先生，本委員会元委員の南亮一氏（国立国会図書館）には，多くのことをご

教授いただきました。日本図書館協会職員の安発義彦さん，稲場雅子さんには20回近い打合せを通じて，1年間にわたる本づくりの最初から並走できたことに深く感謝します。井上の本務校である上田女子短期大学からは東京・茅場町への交通費等の支援を受けました。関係者各位に心よりお礼を申し上げます。

日本図書館協会著作権委員会
執筆者を代表して　井上奈智

本書の留意点について

○本書は，公益社団法人日本図書館協会が著作権を有します。CC BY-NC-ND 4.0（表示―非営利―改変禁止 4.0 国際）の条件で提供されます。

○質問と回答によって構成されているため，どこからでもお読みいただけます。第1問に，図書館での著作物の利用可否を判断するためのフローチャートを載せており，その考えに基づいて問答を並べているため，最初の質問と回答には目を通していただくと読みやすいかと思います。
○上記『図書館活動と著作権Q&A』を基盤にしつつ，現状に即して設問の入れ替えと回答部分の見直しをしたものです。全体の構成は再編していますが，旧版の記述を残している部分と，今回新たに書き下ろした部分があります。
○内容には細心の注意を払っていますが，その保証をするものではなく，また，法的助言を提供するものではありません。
○「著作権法」を一部を除き単に「法」と表記しています。
○本文中のURLの最終アクセス日は2024年9月30日です。

1. 基本的な考え方

【著作物を使うときの手順】

著作物を使用するとき，どのような手順で考えればよいのでしょうか。

　フローチャートで考える方法があります。整理の仕方はさまざまありますが，最初に利用規約等で決まっている場合は，そちらに従います。そして，次に著作権の働く行為に当たるかどうかを検討します。まず，著作権には，各種の権利（著作者人格権，狭義の著作権）があり，これらを総称して「権利の束」

図　著作物を使うときのフローチャート

(1) CCライセンス，利用規約などの存在があるか 【2章】
　↓ NO　　・YES ならライセンス等に従って利用可能
(2) 著作権の働く行為か 【3章】
　↓ YES　　・NO なら著作物ではないので自由に利用可能
(3) 権利制限規定が適用できるか 【4章・5章】
　↓ NO　　・YES なら権利制限規定の条件下で自由に利用可能
(4) 保護期間が存続しているか 【6章】
　↓ YES　　・NO なら自由に利用可能
(5) そもそも保護の対象となる著作物か 【6章】
　↓ YES　　・NO なら自由に利用可能
(6) そもそも著作物か（著作物性のないデータなど） 【6章】
　↓ YES　　・NO なら自由に利用可能
著作権者からの許諾が必要 【7章】

　　　　　　　　　　　　　　※考えやすいところから考える。

と呼ばれることがあります。これらの「束」に含まれない行為については（例えば資料を利用者の閲覧に供すること），利用者が自由に利用することができます。次に，権利制限規定や保護期間の問題がありますので，これらの規定の適用があるかを考えます。権利制限規定を用いることで，図書館の複写サービスや貸出サービス等を行なうことができます。著作物には保護期間があり，一定期間が満了すると自由に利用することができます。続いて保護の対象となる著作物かどうか（法令等や，朝鮮民主主義人民共和国の著作物は原則として保護の対象にはなりません），著作物かどうか（単なるデータは著作物ではありません）を考えます。いずれもフローチャートの下に進んだ場合は，原則どおり，著作権者からの許諾が必要です。

　このフローチャートは概念上のものであり，必ずしも上から考える必要はありません。考えやすいところから考えればよいことになります。

　また，著作権がクリアされても商標権や肖像権等，別の権利がかかわる場合があります。

【著作権法の解釈に迷ったら】

著作権について，法律やガイドラインの解釈や運用でわからないことがあります。どこへ聞いたら教えてもらえますか。

　他者の意見は参考の一つとして考え，最終的な判断は自身または所属する組織で行ないます。日本図書館協会の著作権委員会は相談を受け付けております。また，弁護士等の専門家への相談や文化庁が提供する情報，著作権情報センター（CRIC）の著作権相談等を活用しつつ，それぞれの図書館において判断することとなります。

【「編集著作権」の内容】

Q3 「編集著作権」という言葉を聞きますが，どのようなものですか。

　著作物や情報を集めたもの（編集物）のうち，これらのものからどのようなものを選択し，どのような順序で配列するかといった点で創作性があるもの（詩集，百科事典，新聞，雑誌等）は，全体として「編集著作物」として保護されます。他方，創作性のないもの（例えば特定の作家の小説を発表順に並べた小説集等）については，編集物全体としては著作権の保護はなされません。この編集著作物に対して生じる著作権のことを「編集著作権」と呼ぶことがあります。編集著作物は，編集著作物を構成する素材それぞれが著作物である場合でも編集物全体について著作物性が認められます。

【電子媒体の著作権】

Q4 電子媒体の図書館資料が増えてきましたが，紙の資料とは別の著作権があるのでしょうか。紙の本や雑誌の「付録」になっている場合はどうですか。

　図書館における著作権の取り扱いにおいては，1冊の本などの資料形態や媒体の単位でなく，その中に含まれる著作物単位で判断します。著作権法は，著作物が紙の本や雑誌，電子書籍，CD-ROM，電子媒体のような，どの形態や媒体に存在しているかには依存しません。「付録」として添付される資料や，電子媒体の資料も同様です。

2. 利用規約，契約を軸に考える

【自由に使える著作物】

> **Q5**
> 図書館業務において，保護期間を満了しておらず，権利制限規定を用いなくても，許諾なく使える著作物はありますか。使う際の注意点を教えてください。

　図書館業務において，その図書館が属する自治体，大学等が著作権を保有する著作物が使用できます。また，憲法その他の法令，裁判所の判決等は，著作物ですが保護の対象とならないため自由に利用することができます（法13条）。

　他者が著作権を有する著作物を無償で使用したい場合には，「いらすとや」に代表されるように，広く利用を前提として提供されている著作物があります。これらを利用する際は，ライセンス条件を遵守することが重要です。利用条件をよく読み，図書館業務で許諾なく無償で利用することが可能かどうか，どのような条件のもとで可能かを確認します。

　個々に利用条件を定めず，パブリックライセンスが付されているものもあります。自治体のウェブサイトにもパブリックライセンスの一つであるクリエイティブ・コモンズ・ライセンス（Q6参照）のもとで提供されることも増えています。

　また，文化庁は著作者が意思表示をするための「自由利用マーク」を定めていますが，あまり普及しているとはいえません（平成23年度文化庁委託事業「著作物等のネットワーク流通促進のための意思表示システムの在り方に関する調査研究」(2012年3月)）。文化庁著作権課「著作権テキスト　令和6年度版」においても，意思表示のツールとして，クリエイティブ・コモンズ・ライセンス，自由利用マークの順に紹介しています。

【クリエイティブ・コモンズ・ライセンスとは】

クリエイティブ・コモンズとはどのようなものでしょうか。図書館でも使えるのでしょうか。

　クリエイティブ・コモンズ（Creative Commons，CC）は，著作権の柔軟な管理を可能にするライセンス体系でありそれを管理する組織名です。この制度は，著作物の利用の仕方を簡易かつ明確にすることで，創作物の共有や再利用を促進するものです。CC ライセンスにはいくつかの種類があり，著作権者が自分の作品をどのように利用されたいかを選択できるようになっています。例えば，非商業的利用のみ許諾するライセンスや，改変を同意するか否かを選べるライセンス等があります。図書館がデジタルアーカイブを構築する際に，CC ライセンスを適用することによって，資料の利用範囲を広げ，知識の共有と普及に貢献することが可能です。このように，CC は，著作物の利用と共有を促進する有効なツールであり，図書館においても有用です。CC の管理団体は，2001 年に米国で誕生した国際的非営利組織です。日本でも，「政府標準利用規約（第 2.0 版）」<https://cio.go.jp/sites/default/files/uploads/documents/opendata_nijiriyou_betten1.pdf> の制定により国の機関に CC BY 準拠の利用条件で利用を認める動きが加速し，その後継である「公共データ利用規約（第 1.0 版）」<https://www.digital.go.jp/assets/contents/node/basic_page/field_ref_resources/f7fde41d-ffca-4b2a-9b25-94b8a701a037/24afdf33/20240705_resources_data_outline_05.pdf> が制定されました。国や自治体での採用も増加しており，ジャパンサーチ <https://jpsearch.go.jp/> でも利用しています。

【自治体合併と契約の継承】

Q7
資料の寄贈契約を結んだ自治体が複数の自治体と合併しました。合併後の自治体の全域で提供を続けることは著作権法上，問題があるでしょうか。

　著作権法でなく，契約の内容によります。特に制約がない場合は，合併に伴い，寄贈契約を結んだ自治体の市域が広がったとの解釈が可能です。仮に寄贈契約に地域的な制約が設けられていた場合，合併後も元の範囲で提供することになると考えられます。合併後の全域で提供する場合は，契約の見直しが必要になるかもしれません。再度寄贈者と契約を締結しなければならないケースもありますので，合併に関する契約と確認の上，弁護士等の専門家に照会するのもよいでしょう。

【電子ジャーナルの記事・論文の複製】

Q8
電子ジャーナルの論文や記事は，ダウンロードしたり，紙にプリントして提供してよいものでしょうか。

　電子ジャーナルの利用は，その契約条件や利用条件により，利用できる範囲が定められています。したがって，電子ジャーナルのプリントアウトの可否やプリントアウト可能な場合のその範囲や部数，電子媒体やメールでの提供等の諾否は，利用条件や利用契約の内容に従うことになります。

【「禁無断転載」と記載された図書】

Q9 奥付に「不許複製」,「禁無断転載」,「ⓒ」が書いてある図書と,これが書いてない図書は,著作権法上の取り扱いが違うことになりますか。

　これらの表示に特別な効果はありません。したがって,著作権法上の取り扱いは全く同じで,区別する必要はありません。

【書籍や雑誌に記載されている URL 等の考え方】

Q10 書籍や雑誌に URL が書かれていて,ウェブサイトで閲覧したりダウンロードしたりするものについての考え方を教えてください。

　例えばその URL の横に「借りた人は閲覧不可」となっている場合でも,少なくとも著作権法上は禁止されているわけではありませんが,このような資料には個人が購入してアクセスしたほうがよいものもあります。そのような場合は,利用者による閲覧等を推奨されるものではないでしょう。

【出版社が「貸出は禁止」と言った場合】

Q11 CD-ROM を購入したら,「複製も貸出も不可」と記載した紙が出てきました。映像が入っていないので,著作権法上は貸出しができるはずと考えて,出版社に問い合わせたところ,「著作権者として貸出を禁止する」と言い渡されました。法律と著作権者の言葉のどちらが優先するのですか。

通常，著作権は著作者が所有しており，出版社が所有しているわけではありません。出版社が著作者から権利を委任されたり，譲渡されたりする場合もありますが，その表示に法律上の意味があるかどうかが問題です。仮に，購入時に出版社と購入者の双方が貸与禁止に同意していれば契約として有効ですが，その事実がない場合，購入後に一方的に利用条件を示されるものですので，効力がないと考えてよいでしょう。そのため，自由に貸し出すことができます（動画が含まれている場合はQ28をご参照ください）。

【「新着案内」などに著作物の表紙や図版を掲載する場合】

Q12
図書館が作成して配布する「新着案内」「図書館だより」に，資料を紹介するためにその表紙や本文中の図版を掲載してもよいでしょうか。

　図書館が利用案内，図書館だより，新着案内等を作成して配布する際に，表紙画像（書影）や本文中の図版を掲載することは，著作権法の観点から以下のような一定の条件下で可能です。その他，当然ながら，許諾を得たものについても，利用することが可能です。

(1) 著作権法上の著作物でないもの（例：書名，著者名，出版者名程度の情報のみが掲載されているもの）
　　背表紙には通常著作物が含まれないので，背表紙のみ並べた写真を使う方法もあります。
(2) 「お話会・読み聞かせ団体等による著作物の利用について」（2006年作成，2017年改訂，児童書出版者・著作者懇談会，以下，「読み聞かせガイドライン」という <https://www.jbpa.or.jp/pdf/guideline/all.pdf>）によるもの
　　子どもの本について，「ブックリスト，図書館内のお知らせ，書評等（ウェブサイト上含む）に，表紙をそのまま使用する場合は，商品を明示しているものとみなされ慣行上無許諾で使用できる（それ以外の表紙使用は要許諾）。表

紙写真に加え，作品名・著作者名（作・文・絵・写真など）・出版社名を必ず一体表記すべき。」としています。
(3) いわゆる「オークション規定」によるもの
　　資料を紹介するために，表紙画像（書影）等を使用（広報誌，ウェブサイトへの掲載）することが可能です（法47条の2）。オークションのための規定とされますが，貸出しの紹介のためにも用いることができます。美術・写真の著作物に関する規定ですが，表紙について著作権法上問題になるのは，そのほとんどが美術・写真の著作物です。実際に貸出対象となる現物資料の表紙を使うことが条件ですので，出版社ウェブサイトの画像を用いることはできません。大きさの制約としては，紙に掲載する場合50㎠以下と定められています。
(4) 版元ドットコムにおいて，出版社が再利用を許諾しているもの
　　書影・書誌の利用については表示画像下に「利用可」の表示があります。
　　<https://www.hanmoto.com/use_bibliographic_information>
(5) 引用によるもの（法32条1項，詳しくはQ34）

【HP・SNSの書影の利用の考え方】

Q13
蔵書資料の書影（表紙画像）をウェブサイトに載せたいのですが，可能でしょうか。導入している蔵書検索で書影が表示されるのですが，これは適法でしょうか。

　図書館が蔵書の書影をウェブサイトに掲載することは，著作権法上から以下のような一定の条件下で可能であると考えられます。

(1) 著作権法上の著作物でないもの（例：Q12に同じ）
(2) 「読み聞かせガイドライン」によるもの
　　Q12に同じ。

(3) いわゆるオークション規定によるもの

　　Q12 と同じですが，大きさの制約については，電子媒体に掲載する場合 32,400 画素〔非プロテクション〕または 90,000 画素〔プロテクション有り〕と定められています。

(4) NDL サーチの書影 API で取得するもの

　　国立国会図書館サーチ（NDL サーチ）では，図書館のウェブサイトや OPAC 等で利用できるように，書影 API を提供しています。書影 API では，ISBN または JP-e コードを引数としてリクエストすることで，書影画像（資料の表紙の画像）を返戻しています。

(5) 版元ドットコムにおいて，出版社が再利用を許諾しているもの

　　書影・書誌の利用については表示画像下に「利用可」の表示があります。

　　<https://www.hanmoto.com/use_bibliographic_information>

(6) 引用によるもの（法 32 条 1 項，詳しくは Q34）

3. 著作権の働く行為を軸に考える

【除籍本廃棄】

Q14

図書館では古くなった資料を除籍しています。これらをリサイクルで利用者に配布することは可能でしょうか。

原則として，可能であると考えられます。著作権の一つに譲渡権があります。著作権者の許諾なく著作物の複製物（例えば図書，雑誌，音楽CD等）を不特定の人または特定多数の人に譲渡することはできませんが，一度公衆に提供されるとその著作物の複製物については，譲渡権は働きません。これを権利の消尽といいます。

映画の著作物を流通させることについては，その他の著作物とは異なり，譲渡権ではなく，頒布権という別の権利の対象となっており，頒布権の場合は譲渡権とは異なり，権利の消尽は起こらないとされています。ただし，市販用のDVDなどの販売流通に乗っている商品は，最初に譲渡された時点（販売流通に乗った時点）で，頒布権は消尽するという見解を示した判例があります（最判平成14年4月25日（中古ゲームソフト事件））。

【しおりにアニメのキャラクターのイラスト】

Q15

図書館のイベントで，廃棄する本のカバーを切り取って，しおりを作成する場合，著作権法上は問題ないでしょうか。

複製などの著作権が働く行為を伴っていないため，許諾なく行なえます。

【図書館で新聞の回覧をしてよいか】

Q16
図書館業務のために職員内で新聞を回覧してよいでしょうか。

　図書館業務において，新聞記事そのものを切り抜いて回覧する場合は複製行為が発生しないため，自由に行なうことができます。
　また，法42条1項により，地方議会や地方公共団体において，審議等の所掌事務を遂行するために必要な複製や公衆送信を行なうことは無許諾で行なえます。図書館業務において，または図書館に来館した自治体職員のために，この権利制限規定に基づいて，複製・公衆送信ができるケースもありそうです。ただし，必要と認められる場合とされているので，例えば，執務参考資料のための複製等や全庁で見られるようなイントラネットへのアップロード等については許諾が必要です。

【本や新聞切抜の掲示】

Q17
図書館サービスのために新聞切抜や図書の一部をコピーして掲示してよいでしょうか。

　新聞や図書に掲載された記事や写真，地図等は著作物であり，著作権法上の権利が働きます。図書館サービスのためであっても，適用できる権利制限規定がないため，図書館内に掲示するために，無断で複製することはできません。ただし，原紙を利用して掲示したり，スクラップして記事をまとめるなどは，複製行為でなく著作権が働かないので，自由に行なうことができます。なお，保護期間満了の著作物であれば，当然無許諾で利用できます。

3. 著作権の働く行為を軸に考える

【ボランティアが持ち込んだ手作り人形の展示】

Q18

ボランティアが持ち込んだ手作り人形を図書館内に置いてよいでしょうか。

製作に際して著作権法違反があるもの（著作物に依拠していたり，もしくは類似しているもの）でなければ問題がないでしょう。なお，保護期間が満了している作品を基にして作られたものであれば利用できます。

【市販のぬいぐるみの展示】

Q19

ボランティアが持ち込んだ市販のぬいぐるみを図書館に飾ってよいでしょうか。

著作物の複製物を公衆に譲渡する場合に譲渡権が働きますが，市販されているなど，一度適法に譲渡されているものは譲渡権が消尽されており，問題ありません。

【表紙や帯，廃棄図書の利用】

Q20

表紙を切り取って図書館内に掲示してよいでしょうか。また，表紙等をコピーして掲示してもよいでしょうか。

表紙を切り抜いて掲示する場合は複製行為でなく著作権が働かないため，無許諾で行なうことができます。ただし，表紙等を複製して掲示することは，著作権法上の権利が働きますので，原則として許諾が必要です。

4. 権利制限規定を軸に考える

【館内に音楽を流す場合】

> **Q21**
> 図書館の行事で，所蔵している音源を使って音楽を流すことはできますか。また，閉館を知らせるための音楽を流すことはできますか。

　音楽を流す場合は演奏権が働きます。非営利かつ聴衆から料金をとらず，また無報酬の場合には，法38条1項により無許諾で行なうことができます。図書館において，行事や閉館を知らせるために，所蔵している音源を使って音楽を流すことも可能です。

　なお，楽曲にナレーションを被せて再生する場合，同一性保持権とのかかわりが問題となりますが，音楽を改変しているわけではないので，違反とは考えられないでしょう。

　YouTubeやSpotify，Amazon music等所蔵資料以外の音源の使用については，インターネット上の音源であるため「公の伝達」に該当し，演奏権ではないので法38条1項は適用できません。法38条3項も「放送又は有線放送された著作物」にしか適用できませんので，この場合には適用できません。規約で認めている場合のみ利用可能ですがあまり多いケースではないでしょう。

【対面朗読】

> **Q22**
> 公共図書館で「対面朗読」のサービスを行なう場合，許諾は必要ですか。

図書館で対面朗読を行なう場合は，通常，許諾なく行なうことができます。対面朗読や公衆への朗読は著作権法上の口述権が働きます。しかし，非営利かつ聴衆から料金を取らず，口述者に対して無報酬の場合に，法38条1項の「非営利・無料・無報酬」を要件とする権利制限規定を用いることができるため，著作権者の口述権が及ばないからです。

　オンライン会議システムを用いた視覚障害者等への対面朗読は，法37条3項により無許諾でできるケースがあります。具体的には点字図書館など視聴覚障害者情報提供施設のほか，公共図書館，大学図書館，学校図書館，要件を満たしたボランティアなど法施行令2条1項で定められている者が「視覚による表現の認識が困難な者」に対してオンライン会議システムを使用してオンラインによる対面朗読を行なうことができます。Q26も参照してください。

【演奏会】

Q23

図書館のイベントで地元の有志が演奏会を行ないますが，可能でしょうか。

　公衆に対して演奏する場合は，その曲の著作権者が持つ演奏権が働きます。しかし，非営利かつ聴衆から料金をとらず，さらに演奏者に対して無報酬の場合に，法38条1項により無許諾で行なうことができます。これにより図書館においても，生演奏のライブ等を，無報酬であれば許諾を得なくても行なうことが可能です。

　なお，料金については，著作物の提供・提示の対価（名目は問いません）を含めることはできませんが，お菓子代等であれば徴収することはできます。報酬については，出演料や祝儀等のような名目に関係なく支払うことはできませんが，演奏の対価にあたらない交通費・弁当代等の実費は支払うことができます。文化庁著作権課，令和6年度著作権事務担当者講習会「著作権制度の概要について」<https://www.bunka.go.jp/seisaku/chosakuken/seidokaisetsu/seminar/2024/

21

pdf/94088901_01.pdf> をご参照ください。

【読み聞かせ】

Q24 図書館のイベントでボランティアが読み聞かせを行ないますが，可能でしょうか。

　公衆に口述する場合にあたりますので，口述権が働きます。しかし，非営利事業であり聴衆から料金をとらず，口述する人に報酬が支払われない場合には，法38条1項により無許諾で行なうことができます。このような要件を満たせば，図書館のイベントでボランティアが読み聞かせを無許諾で行なうことが可能です。
　また，読み聞かせの対象となる本を見せる行為は著作権法上の行為でないため無許諾で行なえます。スクリーン等に映す場合は，「非営利・無料・無報酬」の上映に該当するため，無許諾で行なえます。ただし，独自に複製物を用意する場合は，複製権が働くので許諾が必要です。
　オンライン会議システムを用いた読み聞かせを行なう行為については，「非営利・無料・無報酬」であっても公衆送信権が働くので許諾が必要です。テレビも同様です。

【上映会】

Q25 イベントとして図書館主催の上映会を行なうことは可能でしょうか。

　法38条1項（非営利・無料の上映等）に当てはまるため，本来はすべて無許諾で行なうことができます。しかし，ビデオが普及した1980年ごろからビデオ制作関係者や劇場主から経済的利益の損害が大きいなどとして抗議と自粛要

日本図書館協会　出版案内

JLA Bookletは、図書館とその周辺領域にかかわる講演・セミナーの記録、話題のトピックの解説をハンディな形にまとめ、読みやすいブックレット形式にしたシリーズです。

図書館の実務に役立ち、さらに図書館をより深く理解する導入部にもなるものとして企画しています。

JLA Bookletをはじめ、協会出版物は、こちらからお買い求めいただけます。また、お近くの書店、大学生協等を通じてもご購入できます。

二次元バーコード

お問い合わせ先
公益社団法人
日本図書館協会　出版部販売係
〒104-0033
東京都中央区新川１－１１－１４
TEL：03-3523-0812（販売直通）
FAX：03-3523-0842　E-mail：hanbai@jla.or.jp

---

no.1 学校司書のいる図書館に いま、期待すること

木下通子著『読みたい心に火をつけろ！』（岩波ジュニア新書）の出版記念トークセッション、「読書の未来について語り合った内容を収録。学校図書館関係者の必見です。

ISBN 978-4-8204-1711-8

no.2 読みたいのに読めない君へ 届けマルチメディアDAISY

保護者、図書館員それぞれの立場から、DAISYやマルチメディアDAISY製作者のDAISYにくわしく、まとめた一冊。読みやすいブックレット（視認性が高いためUDフォントを使用）。

2018年に大阪と東京で開催した、盛見昇氏の著

ISBN 978-4-8204-1809-2

JLA Booklet 既刊1

no.19	no.18	no.17	no.16	no.15	no.
Live!人は図書館員のおすすめ本はなぜ本を紹介するのかリマスター版	図書館員が知りたい著作権80問	戦争と図書館 戦時下検閲と図書館の対応	図書館のマンガを研究する	図書館員のための「やさしい日本語」	新著作権制度と実務
図書館員が本を紹介することの意味、その仕事の広く読者へ届くために図書館を越えて、出版の世界、これからの図書館と出版を考える読書です。	図書館現場からQ&A形式で平易に解説したビス等々、の出版者・著作権関係者にさまざまに悩んだときに役立つ一冊です。「落者図・書館サー」	第109回全国図書館大会の分科会「戦争と図書館」の講演録。太平洋戦争中の思想統制、図書館などをテーマとする3つの講演と資料提供の自由への抵抗、ぜひ手にしたい一冊です。	「海外のマンガ受容に関する大規模所蔵総合的研究」に基づく日本文化の成果を踏まえての講演録。今後のマンガ受容を占う意味でも言及されており、マンガの特有性についての課題をまとめた必要な資料です。	外国人の状況や図書館の役割、「やさしい日本語」の使い方について詳しく説明。実践的な「あらゆる利用者に広く伝える大切な役立つツールを教えてくれる一冊。	国民のアクセス権「図書館」となり、期待に応えることが求められている現在、必携の一冊です。
ISBN 978-4-8204-2404-8	ISBN 978-4-8204-2405-5	ISBN 978-4-8204-2403-1	ISBN 978-4-8204-2311-9	ISBN 978-4-8204-2306-5	ISBN 978-4-8204-2

好評発売中！！

no.13 図書館資料の保存と修理 その基本的な考え方と手法

日本図書館協会資料保存委員会委員長であり、東京都立中央図書館で長年資料保存の講師を務めてこられた著者が、全国各地での講義録「真のコンパクト実践書で内容がつまった資料保存の意義を確認できる好著。

ISBN 978 4-8204-2218-1

no.12 非正規雇用職員セミナー講演録 「図書館」で働く女性非正規雇用職員

公共図書館で働く非正規雇用職員の現状や課題に焦点を当てたセミナーの記録。女性非正規雇用職員の意見交換や報告・参加者との講演や図書館サービスのあり方をも一歩深く考える書です。収録しきれなかった講師の論考も収録。

ISBN 978 4-8204-2209-9

no.11 学校図書館とマンガ

「学校図書館にマンガを導入する意義」等、必要なぜマンガを導入するのか（理論編）、海外の学校図書館にもマンガの外蔵書に高く評価されている一冊です。とぜひ学校図書館マンガ導入の意義を解説してます。

ISBN 978 4-8204-2208-2

no.10 図書館法の原点から図書館の使命を問うを考える

2020年1月の図書館法制定70周年記念対談の記録における第12分科会（図書館法）山口源治郎氏の講演と塩見昇氏をめぐる図書館法の展開を考えるときに必備の略年表と図書館法制定略年表とを収録。図版も収める一冊。

ISBN 978 4-8204-2206-8

no.9 1945-2020現代日本図書館年表

1945年太平洋戦争終結から2020年までの日本国内の図書館に関する出来事を簡潔にきき、図書館の成長や規模・現状を俯瞰・分析できる年表。索引も知の一つに役立つ。将来に向けた構想や社会の動きを会社の概要で一冊。

ISBN 978 4-8204-2114-6

JLA Booklet 既刊19冊 好評発

no.8 やってみよう資料保存

図書館の資料保存について、基本から学べる入門書。カビや虫害時の対処法など、資料保存対策に取り組むための必読書。資料の取り扱いや費用面での保障する資料保存は、図書館にとって資料を分かりやすく取りつつ保存の基本的な利用を保障するためのます。

ISBN 978 4-8204-2109-2

no.7 「公立図書館の所管問題を考える」講演録

2019年3月開催の公立図書館の所管問題を考える講演会。首長部局への移管や社会教育施設の役割議論、指定管理者制度や委託・指定管理者制度による公立図書館の運営や社会教育委員会による役割や、公立図書館の運営の重要性を考察する一冊。

ISBN 978 4-8204-2007-1

no.6 水濡れから図書館資料を救おう！

「水濡れ」対策の重要性や大規模災害時の対応行動、法を解説。陸前高田市立図書館の被災資料救出事例も収録。貴重な情報源となる資料管理の紹介や、事前対応方法などを詳しく紹介する一冊。

ISBN 978 4-8204-1907-5

no.5 図書館システムのデータ移行問題検討会報告書

新システムへのデータ移行における2018年1月17日に行われた図書館システム変更に伴うパスワードの学習会の記録も収録、システムのルール化を提案。図書館システム移行の現状と課題を解説。

ISBN 978 4-8204-1905-1

no.4 「法的視点から見た図書館と指定管理者制度の諸問題」講演録

法律専門家の法的視点から指定管理者制度のメリットやデメリット、制度導入などの検証の図書館制度に関わる全ての人に疑問を提起の必読の書。入に疑問を提起。指定管理者制度の法的関係問題を法的視点から解説。

ISBN 978 4-8204-1812-2

ISBN 978 4-8204-

4. 権利制限規定を軸に考える

請があり，対応に苦慮する図書館が続出したことから，日本図書館協会と日本映像ソフト協会が協議を行い，上映会のための「合意事項」(2001年12月12日) が締結されました（巻末資料参照）。これらの経緯を踏まえた対応が推奨されます。上映会での使用が承認されている映像作品（いわゆる「上映権付」のものも含む）はそのまま使用可能です。そうでないものは，販売元に照会したうえで，上映会を行なうことになります。上映権と貸与権は別の許諾になるためご留意ください。

〈合意事項（抄）〉

・図書館が既に所蔵しているビデオグラム作品の上映会の開催については，次のとおり取り扱うものとする。
 ①あらかじめ「上映会」での利用が権利者によって明示的に承認されているビデオグラム作品：今後も「上映会」に使用できるものとする。
 ②あらかじめ，権利者によって，上映の了解が明示されていないビデオグラム作品
  a 図書館等は上映会を行うに当たって，映画館やビデオレンタルショップなどがなし得ない，教育機関としての独自な資料提供の使命と義務を自覚して実施するよう努める。
  b 興行その他，映像ビジネスの全般にわたって，権利者の何らかの利益を損なうおそれのあるときは，当該ビデオグラム作品の販売元に「上映会」利用の可否について照会する。

【オンラインでの対面朗読】

Q26

図書館でオンライン会議システムを用いて対面朗読を行なうことは可能でしょうか。

オンラインは原則として公衆送信権が働きますが，「視覚による表現の認識

が困難な者」(視覚障害者等)への対面朗読は法37条3項により無許諾で行える場合があります。具体的には点字図書館など視聴覚障害者情報提供施設のほか,公共図書館,大学図書館,学校図書館,要件を満たしたボランティアなど法施行令2条1項で定められている者が主体となり,視覚障害者等に対して「Zoom」「Skype」「LINE通話」などを使用して対面朗読を行なうことができます。ただし,公表された「視覚著作物」(文字,写真,絵画,映像等)に限定されます。

【録音資料等の作成】

Q27

公共図書館で「録音図書の作成」のサービスを行なう場合,許諾は必要ですか。

録音図書の作成は,点字図書館など視聴覚障害者情報提供施設のほか,公共図書館,大学図書館,学校図書館,要件を満たしたボランティアなど法施行令2条1項で定められている者が可能です。サービスの客体は,「視覚による表現の認識が困難な者(視覚障害者等)」となります。根拠は「図書館の障害者サービスにおける著作権法第37条第3項に基づく著作物の複製等に関するガイドライン」(以下,「37条ガイドライン」という)別表2 <https://www.jla.or.jp/library/gudeline/tabid/865/Default.aspx> です。

録音だけでなく,拡大図書,テキストデータ,マルチメディアデイジー,布の絵本,触図など,さまざまな視覚障害者等が認識できる形式に変換することができます。

LLブック(やさしく読める本)のように読みやすくリライトすることや,拡大図書を作る場合,大きさの関係で配置を変えたり要約するなど,元の資料にある程度手を加えたり作り直したりすることもできます。外国語の資料を日本語にして録音図書などにすることもできます。

提供方法は,貸出し,インターネット配信,メール,複製,譲渡が可能で

す。ただし、公表された「視覚著作物」（文字、写真、絵画、映像等）に限定され、市販で同じ形式（例：デイジー）が流通している場合は作製できません（37条ガイドライン9項）。

【図書館資料を借りた人の著作権法違反についての図書館の責任】

Q28 図書館はなぜ、権利者に無断で、図書や雑誌、視聴覚資料の貸出しができるのですか。著作権法上、貸出しができない場合はありますか。また、それらを借り出した人が、著作権侵害となる行為を行なった場合、図書館も何らかの責任を負うのですか。

著作権法上、図書館資料のうち、「映画の著作物」（「映像資料」等が該当する）とそれ以外は分けて考えます。法38条4項は1984年の改正で貸与権が著作者の権利として新設されたことに伴い追加された条文ですが、公表された著作物（映画の著作物を除く）の非営利・無料の公衆への貸与を認めています。この場合、映画の著作物を除くすべての資料（図書、雑誌、音楽CD、カセットテープ、ボードゲーム等）が対象となりますし、相互貸借も含まれます。

著作権法上の映画の著作物とは連続して映像が動くもの、すなわち、ブルーレイディスク、DVD、ビデオテープ、レーザーディスク、16ミリフィルム、ゲームソフト等です。動きのある部分があれば基本的に映画の著作物となりますので、CD-ROM等で一部分でも動画が含まれるものも該当します。これらには法38条4項の権利制限規定を適用できないため、図書館は、貸出許諾済みのものを購入し、貸出サービスを行なっています。なお、法施行令2条の3に規定されている図書館等（公共図書館や視聴覚センター）は法38条5項により、著作権者に補償金を支払って、非営利かつ無料で貸出しができる仕組みがありますが、現時点ではこの枠組みが整っていないため、この枠組みに基づく貸出しは行なわれていません。

図書館は、貸し出した資料が図書館外でどのように利用されているかについ

て目を配ることは不可能であり，そのような責務を負っているわけではないため，違法行為を行うことを承知の上で貸し出した場合でなければ，貸出後の利用者の違法行為について責任を負うことはありません。

【図書館の DVD を借用者が複製や上映】

Q29

図書館で貸し出している補償金処理済み DVD 等について，次のような利用者からの問い合わせがありました。どのように対処すべきでしょうか。①私的使用のため，コピーしたい。②子供会で上映したい。③学校の授業で上映したい。

①の私的使用のための複製は，法 30 条により可能です。ただし，公衆の利用に供する自動複製機器を使用しないことや，DRM：Digital Rights Management 等の技術的保護手段を回避しないこと，自分で複製することなどが条件です。いずれにしても，複製によって著作権法上の問題が起こったときは，その複製をした人が一切の責任を負うことになりますので，法 30 条にある条件をよく理解している必要があります。

②と③については，非営利・無料なら，法 38 条 1 項により子供会でも学校の授業でも上映することができます。ただし，購入時の契約に条件（家庭内での上映に限定されており公の上映を禁止する等）があればそれに従う必要があります。

【雑誌の最新号の貸出し】

Q30

雑誌の最新号の貸出しは可能ですか。

雑誌の最新号を貸し出してはいけないという著作権法上の規定はないため，

貸し出しても問題ありません。多くの図書館が最新号を貸し出さないのは，著作権とは関係なく，他の利用者が最新情報を見られないことや，紛失しやすいことが理由です。それぞれの図書館が独自の方針で運用を行なっています。

【公共図書館は法 35 条の教育機関に該当するか】

Q31

法 35 条の「学校その他の教育機関」に公共図書館は該当しますか。

公共図書館でも公開講座の実施に際して，授業目的公衆送信補償金制度の適用を受けることができます。2024 年 10 月現在，2023 年度に制度の利用申請をした図書館は，SARTRAS（授業目的公衆送信補償金等管理協会）の次のページで検索できます。<https://sartras.or.jp/keiyaku/>

公開講座の補償金の算定方法は，「授業目的公衆送信補償金規定」第 3 条 2 項で確認できます。<https://sartras.or.jp/wp-content/uploads/hoshokinkitei.pdf>

教育機関には，小学校，中学校，高校，大学，公民館，防衛大学校，警察大学校，公共職業訓練施設等が含まれます。

図書館等においても，公表された著作物について，授業を担当する図書館司書，外部講師，ボランティア等（または，授業を受ける利用者等）が，その授業の過程における利用に供することを目的とし，必要と認められる範囲であり，著作権者の利益を不当に害しない場合，無許諾で複製・公衆送信・受信装置を用いて公に伝達を行なうことができます。これらに該当する場合，対面授業における複製について，または，遠隔合同授業等のための公衆送信・対面授業で使う著作物の同時中継における送信については無償かつ無許諾でできます。予習復習のためのメール送信，外部サーバ経由での送信，オンデマンド授業での送信，スタジオ型のリアルタイム配信の場合は，授業目的公衆送信補償金制度を利用して，有償かつ無許諾で利用できます。

登録は，次のウェブサイトで行なえます。

補償金等登録・申請システム（TSUCAO）<https://sartras.or.jp/tsucao/>

【イベントで図書館資料のコピーの配付（読書会用テキストの複写）】

> **Q32**
> 図書館の行事として講座を開催します。参加者にテキストとして配付するために，文学作品を参加者分複写することはできますか。

　原則としては許諾が必要ですが，社会教育施設における授業の一環として位置付けられるのであれば，法35条の適用も考えられます。なお，法31条は複写サービス等のための権利制限規定であるため，今回のケースで適用することはできません。

【図書館におけるオンライン授業】

> **Q33**
> 図書館においてオンライン講座で著作物を提示することは可能でしょうか。

　社会教育施設における授業の一環として位置付けられるのであれば，法35条を適用し，授業目的公衆送信制度を用いて補償金を支払えば，可能でしょう。

【広報誌への短い著作物の転載】

> **Q34**
> 図書館だよりに詩を紹介したいのですが，引用になるのでしょうか。

　引用とは，公表された著作物について，公正な慣行に合致すること，引用の目的上正当な範囲内で行われること等が条件であり，それらに合致すれば無許諾で掲載することができます。単に紹介すればよいというものではなく，一般

的に次の4つの要件を満たす必要があるとされます。
① 引用する必然性があること
② 引用した部分が明瞭であること
③ 本文と引用が主従関係にあること
④ 出所を明示すること

【再生手段がなくなった資料の媒体変換】

Q35

LD（レーザーディスク）の**再生手段がない**ため，それを**媒体変換**したいのですが，**許諾を得ずにこの複製はできますか**。

法31条1項2号では，図書館等における保存のための複製等について定められています。「図書館資料の保存のため必要がある場合」とは，具体的には次のような場合が想定されます。

① 所蔵資料について，記録技術・媒体の旧式化により閲覧が事実上不可能となることを予防するために電子化等の媒体変換する場合
② 所蔵資料のうち，絶版等の理由により一般に入手することが困難な貴重なものについて，損傷等が始まる前の良好な状態で，後世に当該資料の記録を継承するために，電子化等で複製する場合
③ 所蔵資料のうち，稀覯本のような貴重なものについて，損傷・紛失を予防するために完全な複製をとっておく場合
④ 所蔵資料を用いて，他の所蔵資料の汚損ページを補完するために複製する場合
⑤ 所蔵資料について，所蔵スペースの関係でマイクロ化等の媒体変換によって縮小複製する場合（この場合は原物廃棄が必要と考えられる）

ご質問の状況が①に該当する場合，法31条1項2号で複製が可能です。

なお，かつて図書館団体は，このような媒体変換にかかわる法改正の要望を行ない，国の審議会でも検討がされました。その結果として，2017年の「文化審議会著作権分科会法制・基本問題小委員会中間まとめ」p.121 <https://www.bunka.go.jp/seisaku/bunkashingikai/chosakuken/pdf/h2902_chukanmatome.pdf> において，現行法のままで媒体変換を行なうことはできるという結論が示されました。

【デジタル資料の複製や貸出し】

Q36

パッケージ系のデジタル資料を，貸出しに供したり，複写サービスのために一部分の複製をすることができますか。

　映像データ以外のCD-ROMは映画の著作物に該当しないため図書と同様に法38条4項により貸出しもでき，法31条1項1号による複製もできます。「一部分」の解釈に留意してください（Q62以下）。しかし，そこに一部でも動きのある映像が記録されていれば，そのCD-ROMは「映画の著作物」として扱うことになり，現時点では貸出しができません（Q28もご参照ください）。

【図書館資料の電子化】

Q37

絶版等の理由により一般に入手することが困難な貴重な資料や，稀覯本のような資料について，劣化する前に図書館がデジタル化することは，出版社に断りなくできますか。

　ご質問の状況がQ35の②または③に該当する場合，法31条1項2号で複製が可能です。それらに該当しないと思われるケースであれば，権利者の許諾を得ることになります。

【図書館資料の文書や絵の電子化】

Q38

自館所蔵の資料に載っている文書をデータとして取り込み，あるテーマに関する自館作成のデータベースとして，検索やプリントアウトができるようにすることができますか。

資料に掲載された文書や絵をコンピュータの中に取り込むことは，「複製」に当たります。法30条の4，法47条の5（所在検索サービスや情報解析サービスの権利制限規定）により，著作物の市場に悪影響を及ぼさないビッグデータを活用したサービス等の著作物の利用について，許諾なく行なえます。例えば，図書館で見られる事例でいえば，蔵書データベース検索結果を表示する際に，所蔵資料の本文をテキスト化したものを数行表示するような著作物の利用については許諾なく行なえます。

【逐次刊行物の欠号の複写】

Q39

所蔵資料の逐次刊行物に一部の欠号があります。合冊製本のためその1号分全部の複製を他の図書館に依頼することはできますか。

所蔵する資料の汚損や欠損のページを補完するためであれば，法31条1項2号による複写ができますが，この場合は自館所蔵資料を用いて行なうことが条件です。他館から資料を借りて複製することはできません。しかし，補完する資料が絶版その他これに準ずる理由により一般に入手することが困難な場合は，法31条1項3号により他の館に複製を依頼することができます。「その他これに準ずる理由」とは，絶版かどうかは明らかではないが，相当期間にわたり市販されておらず，入手が困難な場合を指すと解釈されています。

5. 権利制限規定を軸に考える（複写サービス）

5.1 複写サービスの根拠規定

【学校図書館・専門学校図書館における複写サービス】

Q40
学校図書館や専門学校図書館は，複写サービスはできないのでしょうか。

　法31条によって，複写サービスが認められる図書館等の範囲は，法施行令1条の3によって定められています。その施設とは，国立国会図書館のほか，図書館法2条1項の図書館（公共図書館），学校教育法1条の大学または高等専門学校（高専）に設置された図書館およびこれに類する施設等です。大学図書館は含まれますが，学校図書館，専門学校図書館の他，病院図書館や企業内専門図書館も法31条の適用外となるため，複写サービスはできません。学校においては，法35条に基づく複写を行なうことになります。法35条は，授業の過程のための複製等の権利制限規定であり，教員や児童・生徒・学生が主体となって複製等を行なうことができます。事務職員（学校司書）については，授業を担当しない場合も，教師や児童・生徒・学生の指示を受けて，学校司書ら事務職員等が行なうこともできます。

　なお，日本図書館協会は，より活発な図書館サービスを展開するために，学校図書館や病院図書館，専門図書館についても，法31条の対象となる「図書館等」に含めることを求めています。

【法31条の図書館等とは（複合施設における複写サービス）】

Q41

図書館は複合施設の中にあります。図書館の所有でない複写機器を使って，複写サービスをしてもよいですか。また，図書館職員が不在のとき，複合施設内の他の機関の職員が複写してもよいですか。

　法31条を適用するためには，複写の主体が図書館であること，すなわち，法的に図書館が複写を行なっているという評価がされるような形態でサービスを行なうことが必要とされています。そのためには，複写が当該図書館の支配下にある人的・物的手段を用いること，すなわち，図書館が自ら設置し，または図書館が運営を委託した者により設置された複写機器により複写が行なわれていることが必要です。図書館の所有であることは必ずしも必要ありませんが（リースなど），上記のような図書館が複写の主体となっているような形態でなければ，複写サービスは実施できません。

　また，複合施設内の他の機関の職員が複写サービスを行なうことも，図書館側が複写の主体となっていませんので，同様に複写サービスを行なうことはできないことになります。

【複写サービスにおける法31条の遵守】

Q42

利用者のために図書館資料の利用の便宜をできるだけ図ろうとすると，著作権法と衝突することがしばしばあります。法31条を遵守することをどう考えたらよいでしょうか。

　著作権法は図書館の社会的機能に配慮して，法31条を設けています。すなわち，この機能達成のため利用者へ知識を提供する際には，複製が必要であろうと認め，またこの複製の範囲なら著作権者に及ぼす経済的利益の損失の度合

いも許容の範囲内であろうとの認識で，この条文が設定されているわけです。アメリカ，イギリス，ドイツ，イタリア等主要国の著作権法にも，これに相当する条文があります。著作物は著作権者の財産ですから，法でその権利が制限されていないかぎり，その財産の「利用」にあたっては，著作権者から許諾を得なければなりません。法31条は特に図書館に関して著作権を制限した条項で，これにより図書館は複写のたびに許諾を得なくてよいことになります。しかし，著作権は無条件で制限されてはいません。図書館の社会的機能達成のためとはいえ，著作権を無条件に制限するのは，著作権者の経済的利益への影響が大きすぎます。法31条に，その条件がついているのも，こうした背景があります。

【インターネット上の情報のプリントアウト】

Q43

「IFLA公共図書館ガイドライン 第2版」(2010年，日本語訳は2016年刊)では，図書館は市民のインターネット上の情報へのアクセスを保障するため，ワークステーションやプリンターを設置することを求めています(3.8.1項)。日本の現行法でプリントアウトもできるのですか。

　法31条においては，インターネット上の著作物は図書館が所蔵する資料に当たらないと解釈されています。したがって，法31条を根拠とする複製(プリントアウトや電子データの保存)はできません。

　図書館等でインターネット上の著作物のプリントアウトが可能となるように，図書館界からのいくたびも法改正の要望を行なってきました。調査研究協力者による法改正の提言がなされ，審議会で検討が行なわれましたが，多様な意見が出て明確な結論には達しませんでした。(※)

　最近は，国や自治体は情報のオープンデータ(自由に複製・加工や頒布などができるデータ)化を進めており，クリエイティブ・コモンズ・ライセンス(Q6

参照）も普及してきましたが，これらの情報は図書館内でもプリントアウトすることができますし，言うまでもなく著作権のある著作物でないものは自由です。

さらに，このことについては，インターネット公開された情報について，禁止の意思表示がない場合は，複製されることを権利者によって黙示的に許諾されているという，いわゆる「黙示の許諾」という考え方もあります。

※参考情報

著作権分科会法制問題小委員会

〈https://www.mext.go.jp/b_menu/shingi/bunka/gijiroku/013/05053001/001_2/009.htm〉

【職員とは（司書でない職員による複写サービス）】

Q44

著作権法施行令では，法31条により複製が認められる図書館には司書を置くこととされているようですが，アルバイト職員や，司書資格を持たない職員が複写サービスをしてはいけないのですか。

　司書相当職員とは，図書館司書の有資格者ほか，司書補で資格取得後4年以上図書館事務に従事した経験のある者等が該当します（法施行規則1条の3）。複写サービスを行なうためには，著作権法からの要請として，実際の複写サービスに従事するスタッフ全員が必ずしも司書相当職員である必要はありませんが，その図書館に最低1人の司書相当職員が置かれていれば足ります。

【図書館の資料をスマホで複製する利用者への対応】

Q45

利用者がスマホで図書館資料を複写したり，スキャナーを持ち込んでPCに取り込むことは法31条には当たらないと思いますが，法30条

に該当しませんか。

　法31条による複製は，図書館の管理下にある複製の規定であり，デジタル・アナログにかかわらず，利用者が持ち込んだスマホやスキャナーでの，図書館の管理下にない複製は法31条に該当しないことは，そのとおりです。一方，法30条は「私的使用のための複製」を規定している条文です。「私的使用のための複製」は，個人的または家庭内等の閉鎖的な範囲内において使用すること，複製主体が使用者本人であること，公衆の使用に供することを目的とした「自動複製機器」を用いないこと，により無断で行なうことが認められています。言い換えれば，法30条では個人的使用のため，使用者本人が複製するのであれば，場所は特定しません。質問のような場合には，資料の必要な部分を複製することができるという解釈もあります。

　しかし，図書館内において法30条を根拠にした複製を認めると，静謐な環境を維持できなかったり，資料を損なう問題が発生したり，他の利用者が被写体になるなど迷惑をかけたりすることも考えられます。著作権法はこのような撮影を禁止する根拠にはならないため，図書館内での利用者によるスマホの撮影を制限する場合には，管理運営規則等に定めるのがよいでしょう。利用者が特にスマホでの撮影やスキャナーでの取り込みを希望する場合には，法31条による通常の複写サービスとは別の申請をしてもらって問題がなければ撮影等を認めるといった対応も考えられます。

【図書館の複写機で利用者の私的使用の複写を許す場合の問題点】

Q46
図書館内に設置されたコイン式複写機で，利用者自身が持ち込んだものを複写することを認めてもいいですか。

　法31条は，図書館の所蔵資料について複写サービスを行なうための規定です。利用者自身が持ち込んだものは法31条の複写サービスの対象外です。図

書館外の複写機を利用することを推奨することが無難でしょう。

【利用者に代わって他館に複写を依頼する場合】

Q47

当館に所蔵していない文献の複写の希望がありました。職員がその利用者に代わって他の図書館に複写依頼をすることができますか。

かつては来館利用者による直接申込みの場合にしか法31条1項1号は適用できないとの見解も見られましたが，2002年に開催された「図書館等における著作物等の利用に関する検討」の場で，文化庁著作権課からILL（Inter Library Loan）の枠組みにより他の図書館等の協力によって入手することができる相互協力サービスについて，法31条1項1号の範囲であると認める見解が示されています（「大学図書館における著作権問題Q&A　第9.1.1版」p.12）。このため，設問に示されたような，図書館職員が利用者に代わって他の図書館に複写依頼をすることも可能です。

5.2　法31条の構造

【コイン式複写機の利用】

Q48

法31条に基づく複写サービスを，コイン式複写機を使ったセルフサービス方式で行なうためにはどのようなやり方であれば認められますか。

法31条は，図書館等がその管理下にある人的・物的手段を使って複製を行なうことを要件としています。セルフサービス方式で行なうコイン式複写機においても，一定の条件を満たせば法31条が適用されます。「公立図書館におけ

る複写サービスガイドライン」(2012年7月6日，全国公共図書館協議会) において，図書館は複写申込書等により複写内容を確認することはもちろん，コイン式複写機を用いる場合は，図書館職員が，複写後，作成された複写物が複写申込の内容と合致し，適法であるかどうか確認することとされています。また，「大学図書館における文献複写に関する実務要項」(2003年1月30日，国公私立大学図書館協力委員会) においては，利用者が図書館内に設置してあるコイン式複写機で複写する場合，利用者自身が誓約書を兼ねた複写申込書に必要事項を記入し，図書館がその複写が法31条の権利制限の条件を満たしていることを確認する（事後的でもよい）こと等が定められています。

【複写サービス時の実費】

Q49
図書館の複写サービスにおいて実費相当の料金を徴収することは許容されるという解釈が定着していますが，この「実費」として，20円は妥当ですか。あるいは，人件費を含めて35円としてもよいでしょうか。

　法31条では，図書館が複写サービスを行なう場合「営利を目的としない事業」であることが明記されています。しかし，複製に必要な用紙代，減価償却費，人件費，電気代等の実費相当額の徴収は許されています。実費額を適正に算出し，それを上回らないように料金を設定することとなります。

【企業に対する複写サービス】

Q50
企業に対して複写サービスを提供することは可能でしょうか。

　図書館等における複写サービスは，法31条1項1号では「調査研究」とだ

け規定され，条文上非営利の調査研究に限定されていないため，営利企業や団体からの申し込みを妨げるものではなく，複写サービスを提供することは可能でしょう。

【領収書の宛名】

Q51

複写料金の領収書の宛名を会社名にしてほしいと言われました。可能でしょうか。

以前は図書館の判断でお断りすることもありましたが，前問のとおり，営利企業等をサービスの対象とすることができるため，宛先を営利企業とすることも可能でしょう。

【複写申込書の要不要】

Q52

「複写申込書」は必要なものですか。複写の申し込みは口頭ではなく，何らかの書類で受け付けないといけないのでしょうか。

コイン式複写機で図書館資料を複写する場合，著作権法の要件が満たされているか確認の必要があります。申込書の記入は著作権法に由来するものではなく，各図書館の運用により記入の仕方は異なります。前述の「公立図書館における複写サービスガイドライン」においては，複写申込書「等」により複写内容を確認する，となっており他の手段も想定されています。なお，「大学図書館における文献複写に関する実務要項」においては，誓約書を兼ねた複写申込書に必要事項を提出することが，コイン式複写機の利用の条件となっています。

【未公表著作物の複写や閲覧】

> **Q53**
>
> 図書館資料に寄贈を受けた市販されていない日記があります。この資料を，複写サービスや閲覧の対象とすることは可能でしょうか。

　いずれも原則として著作者の同意が必要です。法31条1項1号による複写サービスは「公表された資料」が対象であり，市販されていない日記のような未公表の資料には同号が適用できません。したがって，市販されていない日記は複写サービスの対象にはなりません。ただし，その日記の保護期間が満了しており，公表権（後述）の問題が生じない場合については，複写サービスを行なっても差し支えないでしょう。

　次に，閲覧提供については，著作者人格権のうち，未公表の著作物を公衆に提供・提示する権利である「公表権」（法18条）がかかわります。したがって，著作者の生前にその日記を閲覧提供しようとする場合，著作者の同意が必要となります。著作者人格権は著作者の死亡（法人の場合は解散）により消滅します（法59条）が，消滅後も著作者人格権の侵害になるような行為を行うことは，行為の性質や社会的事情の変動等によりその行為が著作者の意を害しないと認められる場合を除き禁止されています（法60条）。このため，その日記の著作者が死亡している場合には，閲覧提供が著作者の意を害しないと認められるかどうかを検討し，意を害しないと認められる事情があるのであれば，閲覧提供を行なっても差し支えないことになります。

【全体を分割して複写を依頼された場合】

> **Q54**
>
> ある資料の半分を複写し，残りの半分を翌日に複写すること，あるいは，数人で異なった部分を複写し，著作物全体を複写することになる

ような複写依頼には、どのように対応すればいいでしょうか。

　図書館では著作物の一部分しか複製できません。回数とか人とかの問題ではなく、提供される著作物の分量の問題です。「2回に分けたり2人で分けたりしても全部入手できたら、著作物全部を提供することになってしまいます」という著作権法の趣旨を説明する必要があります。

【相互貸借で借り受けた資料の複写】

Q55
相互貸借制度で他の図書館から借り受けた図書を複写サービスに供することはできますか。

　法31条でいう図書館資料とは、公衆の利用に供するため責任をもって保管する当該図書館のすべての資料をいいます。したがって、他の図書館から借り受けた資料は図書館の蔵書とはみなされませんので、法31条による複製はできません。

　ただし、図書館間協力により提供された図書（つまり、雑誌（逐次刊行物）は対象外）を複写サービスとして複製することは、「図書館間協力における現物貸借で借り受けた図書の複製に関するガイドライン」（大学図書館間においては「大学図書館協力における資料複製に関するガイドライン」）を適用することにより、行なうことが可能です。

【名簿の複写】

Q56
名簿は「調査研究のため」とは考えられないのでの複写は謝絶すべきでしょうか。

図書館等において法31条1項1号による複製が許されるのは,「調査研究」の場合です。名簿が調査研究目的で使用されることはあり得るため(例えば人物調査),図書館側が疑義を持ったのであれば目的を聴取し,調査研究に該当するかどうか判断するべきでしょう。また,非刊行の名簿については,個人情報やプライバシーの保護の観点から留意が必要です。

【人権侵害にかかわる資料の複写を拒否する場合】

> **Q57**
>
> 図書館は利用者から求められたときには,どんな場合でも図書館資料の複写サービスを提供しないといけないのでしょうか。例えば,いわゆる「差別図書」や人権侵害につながると思われる場合はどうでしょうか。

　図書館は,法31条に定められた範囲の複写サービスを行なうことを義務付けられているわけではありません(多摩市立図書館事件判決(東京地判平成7年4月28日,東京高判平成7年11月8日))。このため,例えば,いわゆる「差別図書」に該当しうる特定の資料の複写の申込みがあった場合への対応については,「図書館の自由に関する宣言」等に照らして図書館で十分論議した上で決定しても差し支えありません。

【メールやファクシミリによる著作物の送信】

> **Q58**
>
> 図書館の資料を複写して,利用者にメールやファクシミリを使って送信してもいいですか。

　一定の要件を満たした図書館等(特定図書館等)であれば,図書館の資料を複写して,メールやファクシミリを使って送信することができます(法31条2

項)。この「特定図書館等」に該当するためには，責任者の配置，研修の実施，利用者情報の適切な管理，データの目的外利用の防止，抑止装置の実施等を行なうことが必要となり（法31条3項），後述する補償金の徴収および分配業務を行なう指定団体である図書館等公衆送信補償金管理協会（SARLIB）に「参加届出書」を提出することとされています。

　ただし，送信を行なう場合，特定図書館等の設置者（地方自治体，学校法人等）は，SARLIBに補償金を支払う必要があります（法31条5項）。補償金の額は，SARLIBが定めた「補償金規程」により，新聞・雑誌が1ページ500円で以降1ページごとに100円，本体価格が明示されている図書が1ページ当たり本体価格を総ページ数で除した数の10倍の価格（500円を下回る時は500円），その他は1ページ当たり100円（500円を下回る時は500円）と設定されています。この補償金は，「特定図書館等の利用者の負担に適切に反映させることが重要」とされていることから，特定図書館等の利用者に転嫁することが想定されています。

　また，分量の少ない著作物について，条件付き（複写は「写り込みガイドライン」準拠，公衆送信は見開き内に収まること）で全部の複写が可能です。例えば，「国等の周知目的資料」（Q61をご参照ください），発行後1年間を経過した定期刊行物に掲載された個々の著作物（複写サービスの場合より範囲が狭いことに注意），辞書・事典の1項目や俳句・短歌・詩歌などの分量の少ない著作物（漫画を含む）は全部分の複写が可能とされています（法施行令第1条の5）。詳しい条件についてはQ65を参照してください。

【発行後相当期間を経過した定期刊行物の複写】

Q59

著作権法施行令を見るとその全部を複製してもよい著作物として「発行後相当期間を経過した定期刊行物に掲載された個々の著作物」とありますが，「発行後相当期間」とはどの程度でしょうか。また，雑誌

> 1冊が1つの論文だけを掲載している場合，ほぼ全ページの複写となりますがよいのでしょうか。最新号は複写不可でしょうか。

　法施行令1条の4第2号（複写サービス）および1条の5第2号（公衆送信サービス）の「発行後相当期間」については，「図書館等における複製及び公衆送信ガイドライン」により，次のとおり解釈することとされています。
・日刊，週刊，月刊，隔月刊の場合次号が発行されるまでの期間
・3か月以上の刊行頻度の場合（上記の刊行物で予定通りに発行されない場合を含む）は当該刊行物の発行後3か月までの期間
・公衆送信サービスでは発行後1年間（新聞については次号が発行されるまでの期間）

　ご質問のとおり，1つの雑誌に論文が1つだけ掲載されている場合でも同様にすべてを複写できます。
　また，最新号発行後相当期間を経過していない場合は，原則どおりとなるため，個々の著作物の2分の1までは図書館等の判断で複写サービスを行なうことができます。
　多くの図書館で複写サービスの対象としていないのは，最新号は書店で購入する方が妥当と考えていたり，複写を行なうことで長時間利用されるのを避けたりするためであると思われます。

【定期刊行物の掲載著作物が図書になった場合の複写範囲】

> ある文学賞候補作は，まず雑誌に掲載され，受賞後に図書で発行されたりします。雑誌に掲載されたほうの作品は，掲載誌の「相当期間」経過後は全部分を複写して問題ないですか。

　その作品が掲載された資料の形態によって複写できる範囲が違ってきます。

発行後相当期間が経過した定期刊行物に掲載された個々の著作物の場合はその全部の複写が可能（法施行令1条の4第2号）ですから，その作品の掲載誌の発行から相当期間の経過後は，その作品の全部分が複写できることになります。後日図書として発行された場合や，発行後相当期間が経過していない場合には，このような特例は適用できませんので，その一部分，すなわち2分の1までしか複写することができません。

【国等の周知目的資料】

Q61

全部利用が認められる「国等の周知目的資料」とは，具体的にどのようなものでしょうか。

国等の周知目的資料とは，「国若しくは地方公共団体の機関，独立行政法人又は地方独立行政法人が一般に周知させることを目的として作成し，その著作の名義の下に公表する広報資料，調査統計資料，報告書その他これらに類する著作物」とされています（法31条1項1号）。

「政府が発行している白書のたぐい，例えば文部科学白書とか経済財政白書というようなもの」「一般へ周知目的，すなわち国民・住民に知らせる目的で作成されたもの」「PR資料・広報資料・白書等と銘打っているものがその典型ですが，下位行政機関から上位行政機関に提出された報告書などは，これに該当しません」「それらの資料が，文部科学省とか文化庁著作権課とか文化審議会著作権分科会という行政機関の名義で発表しているものであることが必要で，未公表資料は含まれません」「新聞発表資料とか調査統計報告書とか広報誌とか（は該当する）」「一般の学術文献と同性格の資料（は該当しない）」という説明がされています（加戸守行「著作権法逐条講義　七訂新版」著作権情報センター，2021年，p.304）。このような説明を踏まえ，各館で個別具体的に判断することになります。

5.3 法31条によって複写できる範囲

【レシピ】

Q62
レシピの複写できる範囲はどこまでですか。

　料理のレシピについては，創作的な写真や文章を除き，すべて複写が可能であると考えられます。

　料理のレシピは，素材をどれだけの量を使うかの情報と，素材をどのように加工すれば料理が出来上がるかのアイデアによって成り立っていると考えられます。素材をどれだけの量を使うかは，単なる情報ですので，「思想又は感情を表現した」（法2条1項1号）ものに当たりません。また，素材をどのように加工すれば料理が出来上がるかは，アイデアを書いたにすぎないので，「思想又は感情を表現した」とはいえません。例えば，材料や調理方法等をレシピに表したとしても，肉や水，塩の分量とか，弱火で煮るとか，焼く，蒸すといった調理の手順や方法は，誰でも思いつくようなことなので，料理のレシピは著作権法で保護される著作物には当たらないといえます。

　一方，料理の写真や料理のレシピを創作的に表現した文章については，著作権の保護の対象となると考えられますので，複写は法31条において認められている範囲に限定されます。

【型紙】

Q63
型紙の複写のできる範囲はどこまでですか。

　原則としてすべて複写が可能であると考えられます。著作物として認められるためには「創作的に表現され」ていることが必要です（法2条1項1号）。こ

のため，型紙の図面に独自の工夫が認められる場合には，「創作的に表現され」ているとして，著作物として認められることがあります。その一方，通常の型紙は，訓練を受けた者なら，誰でも同じように作成できると考えられるため，「創作的に表現され」ているとはいえないことから，著作物として認められるのは難しいためです。

【短編集】

Q64

この本はある作家の短編を集めたものですが，1冊の半分まで複写してよいですか。

　法31条を適用して図書館で複写する場合に認められる複写の範囲は，短編集に掲載されている個々の作品の「一部分」であって，短編集全体の半分ではありません。この「一部分」とは，通常「2分の1以下」と解釈されていますので，個々の作品の2分の1以下までなら複写可能です。

【俳句や短歌，百科事典】

Q65

俳句や短歌，百科事典の個々の解説を複写する場合，その全体が複写されないよう何らかの方法で一部分を遮蔽（マスキング）しないといけないのでしょうか。

　法31条1項1号では，複写可能な著作物の範囲につき，原則として「著作物の一部分」と定めています。そして，その例外として，「著作物の全部の複製物の提供が著作権者の利益を不当に害しないと認められる特別な事情があるものとして政令で定めるもの」については，その全部の複写を認めています。
　これに該当するものとして，法施行令では，①国等の周知目的資料（Q61参

照)、②発行後相当期間を経過した定期刊行物に掲載された個々の著作物（Q59参照)、③辞書・事典の1項目や俳句・短歌・詩歌、④付随する美術・図形・写真の著作物の4種類を定めています（1条の4)。このため、俳句や短歌、百科事典の個々の解説は全部複写が可能ですので、一部分を遮蔽（マスキング）する必要はありません。具体的な運用については、社団法人日本図書館協会・国公私立大学図書館協力委員会・全国公共図書館協議会、2006年1月1日「複製物の写り込みに関するガイドライン」（以下、「写り込みガイドライン」という）をご参照ください。

　なお、この場合、結果的に当該図書の全部または大部分を複製することがあってはいけません。また、2分の1を超える部分がめくった次のページにまたがる場合、その部分を複写サービスで提供することはできません。楽譜、地図、写真集・画集（書の著作物を含む)、雑誌の最新号については写り込みガイドラインの対象外ですので、全部複写はできません。写り込みガイドラインについては、「図書館等における複製及び公衆送信ガイドライン」（図書館等公衆送信サービスに関する関係者協議会、2023年5月30日制定・同年8月30日修正）にも言及されています。

【楽譜や詩】

Q66

歌集・楽譜集は1冊の半分まで複写できますか。

　歌集や楽譜集は、個々の楽曲を編集したものです。このため、複写できる範囲は、楽譜は1曲ごと、歌詞は1編の作品ごとに判断することになります。法31条1条1項では、著作物の一部分に限って複製することを認めていますので、複写できる範囲は、歌集・楽譜集の一部分ではなく、それぞれ、1作品の一部分、すなわち2分の1までとでとなります。なお、楽譜集は前述の「写り込みガイドライン」の対象外ですので、楽譜の全部の複写はできません。

【電話帳「タウンページ」】

Q67

電話帳を複写サービスに供することはできますか。

　タウンページは，電話サービスの加入者の氏名，電話番号および住所を氏名の五十音順に配列した電話帳である「ハローページ」とは異なり，独自に体系化した職業区分に基づいて事業者の氏名，電話番号および所在地を配列したものです。このため，タウンページは編集著作物と考えられています。

　タウンページのような，編集対象となる個々の情報が著作物ではない編集著作物の場合，法31条1項1号により複写可能な範囲は，編集著作物全体の「一部分」，すなわち，個々のタウンページ1冊の2分の1以下ということになります。

【コミックの単行本】

Q68

コミックの単行本全巻を卒論のために複写したいという利用者がいます。どこまで許されますか。

　コミックの単行本では一話が一著作物と考えられるため，各話の2分の1までと考えられます。なお，漫画のどの範囲までが一著作物と考えられるかは事例ごとに検討する必要があり，例えば，「サザエさん」のような4コマ漫画は1つの作品で完結しており，4コマで一著作物と考えられる場合が多いと思われます。いずれにせよ，単行本全巻を全部複写することは，著作権者から許諾を得るなどの事情がある場合を除き，認められません。必要であれば図書館内での閲覧等の形でご利用ください。

【住宅地図】

Q69

住宅地図の図書形態の地図の「一部分」はどこまでですか。また，一般的に地図の複写について，測量法は関係しないのですか。

　住宅地図や区分地図等合冊になっている著作物は，見開いた両ページをもって一著作物と考えられます。したがって法31条で複写できる範囲は見開き2ページのうちの2分の1（例えば，片面）と考えられます。「図書館等における複製及び公衆送信ガイドライン」をご参照ください。

　なお，測量法29条により，国土地理院が刊行した地図の複製には，国土地理院長の承認が必要とされていますが，図書館等の複製（測量・刊行・インターネット上での提供以外の目的）であれば，承認は不要です。

　「地図帳1冊で一つの著作物と扱ってよい。」という見解を示している出版社もありますが，ほとんどの出版社の地図帳の奥付には，「複製することは著作権法上の例外を除き禁じます。」等の記載があります。この「著作権法上の例外」の一つが，法31条1項1号に基づく複製です。なお，地図帳の奥付に，「著作者に無断で（中略）複製し利用することを固く禁じます」と記載されている場合も，法31条に基づいた図書館等の複写サービスは可能です（Q9を参照）。

【絵画や写真】

Q70

絵画や写真の複写できる範囲はどこまでですか。

　法31条1項1号による複写サービスは，「著作物の一部分」の複写を認めるものです。絵画や写真は，一つの作品自体が「著作物」ですので，複写できる範囲は，その「一部分」，すなわち，2分の1までとなります。画集・写真集

に掲載されている絵画や写真の場合にも，それぞれの作品の2分の1となります。なお，解説文の中に絵画が紹介されている場合には，その絵画や写真全部の複写が認められます（法施行令1条の4第4号）。なお，画集・写真集に掲載された個々の絵画・写真については，前述の「写り込みガイドライン」の対象外となっています（Q65参照）。

また，絵画を画集に収録するための撮影，資料のマイクロ化やデジタル化のための撮影のような，平面的な被写体を平面的に撮影した写真の場合は，「思想又は感情を創作的に表現したもの」（法2条1項1号）に該当しないため，通常は著作物には該当しないものとされています。さらに，1957（昭和32）年12月31日までに公表された写真については，現行著作権法が制定された時点で著作権が消滅していたことから，その全部を複写することができます。

【論文集】

Q71
論文集に収録された個々の論文について複写できる範囲はどこまでですか。

論文集は，複数の論文を編集したものです（個々の論文が著作物であり論文集は著作物の結合体になります（結合著作物））。このため，法31条により複写が認められる範囲は，論文集に収録された個々の論文の一部分，すなわち2分の1以下となります。同じ複数の論文を編集した場合でも，発行後相当期間を経過した定期刊行物（雑誌・新聞等）の場合であれば，収録された個々の論文の全部の複写が可能とされている（法施行令1条の4第2号）ことから，定期刊行物各号全体の2分の1までの複写を行うことができます（Q59を参照してください）。図書として刊行されている論文集の場合には，この規定が適用されませんので，原則どおり，個々の論文・短編の2分の1までとなります。

【新聞】

> **Q72**
> 法31条1項1号では，発行当日の新聞の複写はどんな場合でもできないのですか。週刊の新聞や夕刊，日曜版等はどのように考えればいいですか。

「発行後相当期間経過した」とは，「市場で入手できなくなったタイミング」と考えられますので，朝刊であれば翌日の朝刊が流通するタイミングが一つの目安になると思います。日刊新聞の場合には，翌日分が発行された後と考えられますので，以降は記事の全体の複写ができます。Q59のとおり「図書館等における複製及び公衆送信ガイドライン」では，定期刊行物の「発行後相当期間」について，日刊・週刊は「次号が発行されるまで」とされているので新聞もこれを適用します。夕刊も翌日の夕刊発行までと考えるのが常識的と思われますが，新聞は朝刊と夕刊で同一の巻号がふられていることも多く，それを理由に，夕刊が発行されても同日の朝刊はバックナンバーにならないという立場もあります。どのタイミングが夕刊の発行とするか（発行されない日はどうするか）は個々の図書館の事情もあって判断は難しいと考えます。実務上は次の号が排架された後とするのが利用者にもわかりやすいかもしれませんが，その他の対応をする図書館もあるでしょう。日刊紙の付録のように発行される「日曜版」については，本紙と一体として扱うのが運用上にも現実的と考えられます。

一方，発行当日の新聞についても，法31条1項1号の規定上は，図書等に掲載の著作物と同様，記事の一部分なら複写できることになりますので，各図書館等の判断により，複写サービスの対象とすることもあり得ます。

なお，新聞は複数の記事の集合によって成り立っています。記事には，社説・論説，学術的解説記事等のように著作権のあるものと，法10条2項にいう「事実の伝達にすぎない雑報及び時事の報道」のような著作権のないものとがあります。後者は，催し物の案内や死亡記事のような「単なる日々の社会現

象そのままの報道記事」(東京地判昭和47年10月11日)とされます。したがって，新聞の中の著作権がある記事の複写は，定期刊行物に掲載された著作物として扱います。

〈法31条1項〉

(図書館等における複製等)
第31条　国立国会図書館及び図書，記録その他の資料を公衆の利用に供することを目的とする図書館その他の施設で政令で定めるもの(以下この条及び第104条の10の4第3項において「図書館等」という。)においては，次に掲げる場合には，その営利を目的としない事業として，図書館等の図書，記録その他の資料(次項及び第6項において「図書館資料」という。)を用いて著作物を複製することができる。
一　図書館等の利用者の求めに応じ，その調査研究の用に供するために，公表された著作物の一部分(国若しくは地方公共団体の機関，独立行政法人又は地方独立行政法人が一般に周知させることを目的として作成し，その著作の名義の下に公表する広報資料，調査統計資料，報告書その他これらに類する著作物(次項及び次条第2項において「国等の周知目的資料」という。)その他の著作物の全部の複製物の提供が著作権者の利益を不当に害しないと認められる特別な事情があるものとして政令で定めるものにあつては，その全部)の複製物を1人につき1部提供する場合
二　図書館資料の保存のため必要がある場合
三　他の図書館等の求めに応じ，絶版その他これに準ずる理由により一般に入手することが困難な図書館資料(以下この条において「絶版等資料」という。)の複製物を提供する場合

6. 保護期間・保護の対象となる著作物を軸に考える

【復刻版の著作権】

Q73

「復刻版」として刊行された資料を所蔵していますが，著作者の死後70年以上が経過しています。自由に利用できますか。

　保護期間が満了した（例えば，著作者の死後70年以上経過した）著作物が「復刻版」として刊行されている場合，その元となる著作物自体に関しては，著作権が消滅しており，著作物を改変するなどしない限り，自由に利用することができます。ただし，復刻版に際して新たに追加された解説などについては，これらが独自の創作性を有する場合には復刻版の作者の創作的表現を伴った著作物として新たに著作権が発生する可能性があります。この部分については，通常の著作物と同じように対応する必要があります。

【電話帳の著作物性】

Q74

電話帳の複写に関して，著作権上，留意することはありますか。また，プライバシーの保護は関係がありますか。

　著作権法は，創作性のある作品に対して保護を与えるものであり，五十音順のようなありふれた配列は，通常，著作物とは認められません。しかし，その収集や選定，配置に創作的な工夫が施されている場合には，著作物としての保護が認められる可能性があります。プライバシー保護は，個人の情報や私生活にかかわる権利を守るものであり，著作権法とは異なる法的枠組みに基づいて

います。

　なお，電話帳は公開資料でありそもそも個人情報保護法制に基づく開示制限の対象となりません。電話帳の奥付には「著作権所有。無断複写複製を禁じます。」という記述があることもありますが，以上のとおり，図書館等における複写（法31条）等の権利制限規定等を用いて，複写可能です。

【パネルシアター】

> **Q75**
>
> 図書館サービスで用いるために，絵本を基に，パネルシアターを手作りしてもよいでしょうか。

　絵本の絵をそのまま複製してパネルシアターに用いることは，著作権者の許諾が必要です。ただし，例えば，さるかに合戦において，他人の撮影した写真や他人が描いたイラストを基にしないで，または，既存のイラストと似ていると思われないようなものであれば，一般的なカニやサルのイラストのパネルシアターを手作りすることは可能と考えられます。

　Q12で紹介した「読み聞かせガイドライン」もパネルシアターのほか，エプロンシアターなどについても触れられていますので，参考になります。

7. 許諾・裁定制度，その他

【許諾の取り方】

Q76

文章の著作権者は市役所ですが，写真は権利者が見つからないという所蔵資料があります。この資料をデジタル化してインターネットで発信したいのですが，どういう手続きになりますか。

　市の著作物は市が権利を保有しているため，市の許諾があれば利用できます。市と図書館は同じ組織かもしれませんので，その場合は組織内で調整するのみで事足ります。一方，連絡先がわからない資料で，著作権の保護期間内または満了しているかどうかわからない著作物を，著作権者の許諾なく著作権の働く方法で利用することはできません。ただし，次のQ77で説明する「裁定制度」を用いて権利処理をする方法があります。

　1970年12月31日以前には旧著作権法の適用があったこと等を理由に，概ね1957年12月31日までに発行または撮影された写真の著作物は，その保護期間は満了しているため，自由に利用可能と考えられます。

　なお，写真については肖像権がかかわります（Q79も参照）。刊行物であれば無許諾で公開できるケースも多いでしょうが，マスキング等が必要になる場合もあります。

【裁定制度】

Q77
裁定制度というのを聞いたことがあるのですが，どのように使えるものでしょうか。

　著作権者の確認が困難な場合，また，著作者の確認が困難等の理由から保護期間の算定が困難であるため，著作権が消滅しているかどうかが不明の場合，文化庁長官の裁定を受け，通常の使用料に相当する補償金を供託することで利用が可能です。なお，国や自治体は供託が不要であり，著作権者が現れたときに補償金を支払えばよいとされています。詳しくは，文化庁ウェブサイトで「著作権者不明の場合の裁定制度」<https://www.bunka.go.jp/seisaku/chosakuken/seidokaisetsu/chosakukensha_fumei/1414110.html> および同ウェブサイト内「5　裁定の申請手続き」にある「裁定の手引き」をご参照ください。

【著作権侵害が確定した資料】

Q78
裁判により著作権侵害が確定した資料について，閲覧，貸出し，複写サービスを行なってよいでしょうか。

　裁判により著作権侵害が確定した資料について，貸与・頒布および貸与・頒布目的で所蔵すると，法113条1項2号に該当し，いわゆる「みなし侵害」に該当します。なお，禁貸出・禁複写の資料として閲覧に供するのは問題ありません。ただし，公表されていない資料については，公表権に留意してください。

【デジタルアーカイブにおける肖像権】

Q79

図書館が管理・運営するデジタルアーカイブの写真や動画に人が写っていますが，肖像権をどのように考えたらよいでしょうか。

写真や動画の撮影者の著作権がかかわるほか，写真や動画に写っている人については，著作権でなく，日本国憲法13条を根拠として学説・判例上認められている肖像権，プライバシー権，パブリシティ権，個人情報保護法等を根拠とする個人情報等がかかわります。このうち，肖像権とはみだりに自分の顔や姿を撮影・公開されない権利で，著作権とは別の権利です。侵害基準は，被写体の社会的地位，被写体の活動内容，撮影の場所，撮影の目的，撮影の態様，撮影の必要性等の「総合考慮」によって判断されます。許諾がないとすべて公開できないというわけではなく，被撮影者は撮影・公開における「受忍限度」もあります。「肖像権ガイドライン」（デジタルアーカイブ学会，2021年公開・2023年補訂 <https://digitalarchivejapan.org/wp-content/uploads/2023/04/Shozokenguideline-20230424.pdf>）を用いると，「総合考慮」をポイントに置き換えることで，侵害の程度の材料にすることができます。

【参考になるウェブ上の情報源】

Q80

著作権を学び続ける上で，参考になるウェブサイトを教えてください。

(1) 日本図書館協会著作権委員会のウェブサイトでは，著作権に関する最新の情報提供を行なっています。
　　<https://www.jla.or.jp/committees/chosaku/tabid/280/Default.aspx>
(2) 国公私立大学図書館協力委員会大学図書館著作権検討委員会のウェブサイトにある「大学図書館における著作権問題Q&A」は非常に有用です。

　　　　<https://julib.jp/docs/copyright_docs>
(3) 著作権法の所管は文化庁です。ウェブサイトには，法案説明資料，審議会資料など重要な情報が掲載されています。

　　　文化庁ホーム＞政策について＞著作権
　　　<https://www.bunka.go.jp/seisaku/chosakuken/index.html>
　　　また，文化庁のウェブサイトには，著作権の教材が提供されており，標準的な知識を身につけるうえで，極めて役に立ちます。

　　　文化庁ホーム＞著作権＞著作権に関する教材・講習会
　　　<https://www.bunka.go.jp/seisaku/chosakuken/seidokaisetsu/index.html>
(4) CRIC（公益社団法人著作権情報センター）のウェブサイトには，著作権に関する資料やQ&Aなどがあります。

　　　<https://www.cric.or.jp/>

資料

図書館間協力における現物貸借で借り受けた図書の複製に関するガイドライン

平成 18 年 1 月 1 日
社団法人日本図書館協会，国公私立大学図書館協力委員会，全国公共図書館協議会

（経緯）

1. 図書館間協力における現物貸借で借り受けた図書の複製を利用者が希望した場合，現在は，図書を借り受けた図書館（以下「借受館」という。）では，借り受けた図書が，自館で所蔵する図書館資料でないということから，著作権法第 31 条による複製を作製することをせず，当該図書を一旦返却した後に，利用者による複製作製の求めを図書を貸し出した図書館（以下「貸出館」という。）に取り次ぎ，貸出館から複製物の提供を受けていた。利用者にとっては，このような業務形態を理解することが極めて困難であり，目の前にある図書の複製物を入手するために時間，経費を余分に負担することになる。一方，権利者にとっては著作権法で認められた範囲内で複製が行われる限りにおいて，貸出館，借受館いずれで当該図書の複製が行われても複写の実態に変わりはない。

（趣旨）

2. このような状況を改善して，著作者の権利に留意しつつ図書館利用者の便宜を図るために，「図書館における著作物の利用に関する当事者協議会」を構成する標記図書館団体（以下「図書館団体」という。）は，同協議会を構成する権利者団体（以下「権利者団体」という。）と協議を行った。その結果，権利者団体の理解の下にこのガイドラインを策定し，当該の図書館団体を構成する各図書館は，借受館が当該図書の借用を申し込んだ利用者の求めに応じる場合に限り，他館から借り受けた図書についても，その複製物の提供を行うこととした。

なお，著作権法第 31 条 1 号による，許諾を得ないで図書館が行える複製の対象として他館から借り受けた資料が含まれるか否かは解釈の分かれるところであるが，このガイドラインは，限定的な条件下であれば実務的に対応することも必要であるとい

う権利者団体の理解の下に策定されたものである。
(図書の借受)
3. このガイドラインによって複製物を提供する図書館においては、利用者が求める図書の提供に当たっては、購入その他の手段により自館において構築した自館の蔵書によるべきであり、他館から図書を借用して提供するのは、それが入手困難な場合と、利用者が求める図書が自館の蔵書構築方針の観点から著しく例外的である場合に限ることを原則とする。
4. 前項の「入手困難な場合」とは、以下の場合を指す。
   (1) 研究報告書であるなどの理由で一般市場に出回っていない場合、あるいは、絶版となったり、在庫状況が確認できないなどの理由で直ちに購入することが著しく困難である場合。
   (2) 購入する予算を直ちには準備することができない場合、あるいは、全巻セットでしか購入できない複数巻の図書などのように、購入・予約方式などの点で直ちに購入することが著しく困難である場合。
(複製の受付・作成)
5. 借受館は、当該図書の利用を希望した利用者が、借り受けた当該図書の複製を求める場合、貸出館および借受館が共に著作権法第31条の権利制限によって例外的に無許諾で複製を作製することが出来る図書館であること、および、利用者が求める複製物が著作権法第31条第1号の範囲内であることを確認出来たときに、その求めを受け付ける。
6. 但し、借受館は、借受館が借り受けた図書を複製することを、貸出館が明示的に禁止している場合には、複製を作成することはしない。
7. 借受館は、その図書館で定める著作権法第31条第1号による図書の複製に関わる手続きとは別に、借り受けた図書の複製に関する手続を定め、それにより当該図書の複製を行う。
(図書の購入努力義務)
8. 他館から借り受けた図書について、同一図書に対する複製依頼が1年間に2回以上あった場合は、借受館はその資料を購入する努力義務を負うものとする。
(ガイドラインの見直し)
9. このガイドラインに基づく運用に関して、図書館団体又は権利者団体から提議があった場合は、速やかにガイドラインの見直しを行う。

「図書館間協力における現物貸借で借り受けた図書の複製に関するガイドライン」に関するQ&A

Q1：このガイドラインでは，「現物貸借で借り受けた図書の複製」とありますが，この中の「図書」には，雑誌や視聴覚資料なども含まれるのでしょうか。

A：このガイドラインによって複製を行うことが出来るのは，狭義の「図書」資料のみです。雑誌や視聴覚資料などの広義の「図書館資料」までは含まれていませんので，注意が必要です。

Q2：3.に，「他館から図書を借用して提供するのは，それが入手困難な場合と，利用者が求める図書が自館の蔵書構築方針の観点から著しく例外的である場合に限ることを原則とする。」とありますが，利用者が複製物（コピー）を求めない場合も，この原則にのっとる必要があるのでしょうか。

A：この項目の趣旨は，あくまで利用者へ複製物を提供することを前提としたものであり，純然たる現物貸借を制限しようとするものではありません。ただし，利用者が複製物を求めないとしても，利用者がその資料を必要としているとすれば，本来，その資料はその図書館で備えるべき資料と言えます。一方，例えばレポートの提出期限などとの関係において，購入に要する期間より前に利用しなければならない場合もありますので，その時々の事情を考慮し，適切な対応を図ることが重要です。

Q3：4.の「入手困難な場合」を更に詳しく説明してください。

A：（1）では，非売品である場合，絶版である場合，絶版の事実は確認できないが複数の書店や発行元に照会して，すべて品切れである場合，これらによって直ちに当該資料を購入できない，主として出版流通的な事情が例示されています。

　一方，（2）では，年度当初などで予算が確定していないような場合，セットでしか販売されておらず，収集方針に合致しない資料などを同時に購入しなければならないような場合，ネット販売や予約販売などで会計的に対応できないような場合，これらによって直ちに当該資料を購入できない，主として図書館運営的な事情が例示されています。

　なお，配分予算に対して当該資料の価格が高額なため直ちに購入できない場合，また，予算的な問題以外に，セット販売で，購入後，優先的に当該資料を配架するスペースが確保できず直ちに購入できない場合なども，（2）に含まれます。

　ただし，いずれにしても，利用者がその資料を必要としているとすれば，本来，

その資料はその図書館で備えるべき資料であるはずであり，常に購入のための努力を講じなければなりません。

Q4：5.の「貸出館および借受館が共に著作権法第31条の権利制限によって例外的に無許諾で複製を作製することが出来る図書館であること」とは，どういう意味ですか。

A：「著作権法第31条の権利制限によって例外的に無許諾で複製を作製することが出来る図書館」とは，著作権法施行令第1条の3に定められた図書館を指します。

このガイドラインに基づいて，借り受けた資料の複製を行う場合，資料を借り受けて実際の複製行為を行う図書館はもちろん，資料を貸し出した図書館も著作権法施行令第1条の3に定められた図書館でなければなりません。したがって，例えば，大学の医学図書館が，他の病院に設置された図書館から資料を借り受けた場合，その資料は，このガイドラインに基づいて複製することはできません。

Q5：6.の「貸出館が明示的に禁止している場合」とは，どのような状況を言うのでしょうか。

A：周知のとおり，著作権法第31条に基づいて複製できる「図書館資料」とは，複写申込があった図書館が所蔵する資料であると従来は解釈されて来たため，他館から借り受けた資料は，借り受けた図書館において複製することはできませんでした。

しかしながら，一旦，これらの資料を貸し出した図書館に返却し，改めてその図書館や，同じ資料を所蔵する別の図書館に複写依頼をした場合と，直接，資料を借り受けた図書館で複製を行った場合とを比較すれば，権利者等に及ぶ経済的影響に変わりはありません。このような観点も含めて，このガイドラインの合意に至っています。

ただし，ガイドラインにのっとって対応するかどうかは，貸し出した図書館の判断になります。資料の状態などによって，資料保存の観点から複写を禁止される場合もありえます。この場合，資料を貸し出した図書館の判断が尊重されなければなりません。

Q6：7.に「著作権法第31条第1号による図書の複製に関わる手続きとは別に，借り受けた図書の複製に関する手続」とありますが，具体的に，どのような手続をいうのでしょうか。

A：特に決まった手続きはありません。他館資料の複写を行う図書館には，著作権法第31条第1号に基づいた自館資料の複写手続きは決められていると思います。そ

れとは別に，このガイドラインの合意による，特別な措置としての複写であることを図書館が認識して複写を行うために，申込書の書式を変える等，自館資料の複写と異なる手続きを設けることになっています。その際にも，著作権法第 31 条第 1 号の範囲内であることの確認を行うことは盛り込む必要があります。

複製物の写り込みに関するガイドライン

平成 18 年 1 月 1 日

社団法人日本図書館協会，国公私立大学図書館協力委員会，全国公共図書館協議会

（経緯）
1. 著作権法第 31 条第 1 号では，図書館等の利用者の求めに応じ「公表された著作物の一部分」のみの複製が無許諾で認められており，著作物全体の分量に関わらず著作物の一部分を超える複製は著作権者の許諾が必要とされている。図書館で所蔵している資料の中には，事典の一項目や俳句の一句，短歌の一首のような独立した著作物ではあるが，その全体の分量が少ないため，紙面への複製を行うと不可避的に著作物の一部分以外の部分が複製されて（写り込まれて）しまうものがある。これらの著作物の一部分のみの複製を行うためには，一部分以外の部分を遮蔽等により複製紙面から削除することが必要となるが，それが現実的には困難であるためこれらの著作物の複製自体を図書館では行えなかった。その結果，著作物の利用を阻害する結果となり，利用者からは疑問，要望が図書館に寄せられ，図書館として対応に苦慮してきた。

（趣旨）
2. このような状況を改善して，図書館利用者の便宜を図り，著作物の利用を促進するために，「図書館における著作物の利用に関する当事者協議会」を構成する標記図書館団体（以下「図書館団体」という。）は，同協議会を構成する権利者団体（以下「権利者団体」という。）と協議を行った。その結果，著作権者の経済的利益を尊重しつつ，権利者団体の理解の下にこのガイドラインを策定し，図書館団体を構成する各図書館は，著作権法第 31 条第 1 号に基づいて作成される複製物に写り込まれる著作物の一部分以外の部分について以下のように取り扱うこととした。

（複製物の作製）
3. 図書館が利用者の求めに応じて複製機器による紙面への複製を行う際には，著作権

資　料

法第31条第1号に基づき，著作物の一部分のみ（以下「複製対象」という。）の複製を行うが，同一紙面（原則として1頁を単位とする）上に複製された複製対象以外の部分（写り込み）については，権利者の理解を得て，遮蔽等の手段により複製の範囲から除外することを要しないものとする。

（全部又は大部分の複製の禁止）

4. 上記写り込みの許容により，結果的に当該図書の全部又は大部分を複製することがあってはならないものとする。

（対象資料の範囲）

5. 以下の資料については，権利者の経済的利益を大きく侵害する恐れがあることから，このガイドラインは適用しないものとする。
　①楽譜
　②地図
　③写真集・画集（書の著作物を含む）
　④雑誌の最新号

（ガイドラインの見直し）

6. このガイドラインに基づく運用に関して，図書館団体又は権利者団体から提議があった場合は，速やかにガイドラインの見直しを行う。

「複製物の写り込みに関するガイドライン」に関するQ&A

Q1：3.に「同一紙面」の説明として「原則として1頁を単位とする」とありますが，いかなる場合も見開きでの複写は認められないのでしょうか。

　A：例えば，著作物の一部分を指定した際，見開いた一方のページの途中が始点となり，もう一方のページの途中が終点となるような場合には，見開きで複写しても構いません。
　　また，複写しようとする資料の形状（大きさ）と複写機の形状（大きさ）との関係で，見開きの状態で複写せざるをえないような場合も，見開きで複写して構いません。

Q2：「原則として1頁を単位とする」とありますが，1ページ内に複数の著作物が掲載されている場合，そのまま複写しても問題はありませんか。

　A：個々の著作物を遮蔽して複写することが困難な場合には，そのまま複写して構いません。

Q3：4.の「写り込みの許容により，結果的に当該図書の全部又は大部分を複製し，当該図書の購入に代替すること」とは，どのような状態をいうのでしょうか。

A：このガイドラインが対象とする複製の単位は，「原則として1頁」ですので，現実には，このガイドラインによって「図書の全部又は大部分を複製」という事態が生じるとは考えにくいと言えます。

　しかしながら，同一資料への申込を重ね，結果として「図書の全部又は大部分を複製」するということも不可能ではありません。このようなことがないように，各図書館では，複写申込を受付する際には，十分な注意が必要です。

Q4：5.によって，「楽譜，地図，写真集・画集」が対象資料から除外されていますが，複製しようとする紙面に挿図，引用資料，説明資料として，それらが掲載されている場合は，どのように扱えばいいのでしょうか。

A：5.で対象から除外している，楽譜，地図，写真集・画集は，もっぱら楽譜として刊行されたもの，あるいは地図帳，また，主に鑑賞を目的とした写真集・画集を想定しており，例えば事典に，合戦の項目があって，説明資料として地図が掲載されている場合や，音楽家の項目があって，代表作の楽譜の一部が掲載されている場合など，これらの地図や楽譜は，5.で除外されている対象とはしません。

Q4：5.によって，「雑誌の最新号」が対象資料から除外されていますが，何故でしょうか。

A：週刊誌や月刊誌などでは，連載のコラム記事で1頁以下のものがあり，それに対して根強い読者がいるそうです。ガイドラインを適用するとそれらの記事全体の複製が可能になりますが，場合によっては，その1頁を読むために雑誌の最新号を購入する場合もあるので，最新号については記事全体の複製は避けて欲しいとの権利者側からの要望に基づくものです。また，この条項で言う「雑誌」とは週刊，月刊程度の発行頻度を持つ雑誌を指し，「最新号」とは次号が発行されるまでのものを指します。

映画上映会関係

了解事項

社団法人日本図書館協会と社団法人日本映像ソフト協会とは，公共図書館等における

非営利目的かつ無償の映画上映会が著作権者の利益を損なうことなく，かつ円滑に行われることを目的として，両者間の協議・研究を開始するものとし，この協議・研究の開始に当たって下記のとおり相互に了解する。
1　社団法人日本図書館協会は，公共図書館等が著作権法第38条第1項に規定する映画上映会を行うに当たっては，映画製作者（映画著作権者）の社会的，文化的役割及び商業的立場を尊重し，興行その他の映像ビジネス全般に与える経済的影響により著作権者の利益を損なうおそれのあることに配慮して，事前に映画著作権者に連絡の上，合理的条件のもとでの承認を得るよう，会員各図書館に対して推奨するものとする。
2　社団法人日本映像ソフト協会は，公共図書館における前項の映画上映会の開催が社会教育機関の活動として尊重されるべきものであることを認識し，会員各会社に対し，合理的な条件のもとで，非営利・無償の上映会にビデオグラム作品を供給するよう，推奨するものとする。
3　社団法人日本図書館協会と社団法人日本映像ソフト協会とは，非営利・無償の上映会を行おうとる図書館と著作権者との間の連絡が円滑に行われるよう，共通基盤の形成に向けて協議・研究を行うものとする。
　　平成10年6月26日

社団法人日本図書館協会
事務局長　酒川玲子
社団法人日本映像ソフト協会
事務局長　児玉昭義

合意事項

　社団法人日本図書館協会と社団法人日本映像ソフト協会とは，1998年6月26日付にて締結の「了解事項」（以下「了解事項」という。）に付随して，次のとおり合意する。
1　定義
　本合意事項において，
　①「ビデオグラム作品」とは，ビデオカセットテープ及びビデオディスク（レーザーディスク及びDVDを含む）に収録されている映画の著作物をいう，
　②「上映会」とは，著作権法第38条1項に規定する「上映」のうち，図書館が多数の公衆に視聴させる目的で行う非営利・無償の上映をいう。

2 所蔵ビデオグラム作品の利用

図書館が既に所蔵しているビデオグラム作品の上映会開催については，次のとおり取り扱うものとする。

① あらかじめ「上映会」での利用が権利者によって明示的に承認されているビデオグラム作品

今後も「上映会」に使用できるものとする。

② あらかじめ，権利者によって，上映の了解が明示されていないビデオグラム作品

a 図書館等は上映会を行うに当たって，映画館やビデオレンタルショップなどがなし得ない，教育機関としての独自な資料提供の使命と義務を自覚して実施するように努める。

b 興行その他，映像ビジネスの全般にわたって，権利者の何らかの利益を損なうおそれのあるときは，当該ビデオグラム作品の販売元に「上映会」利用の可否について照会する。

③ なお，専ら個人視聴用として利用者に貸与することを目的として図書館に供給されたビデオグラム作品は，著作権法第38条5項の「補償金」に関し権利処理されたものであり，そのかぎりでは，権利者によって上映の了解が明示されていないものであり，上記②を適用するものとする。

3 所蔵していないビデオグラム作品の利用

図書館が本合意事項実施の日において所蔵していないビデオグラム作品による上映会開催については，次のように取り扱うものとする。

① 図書館が本合意事項実施の日において所蔵していないビデオグラム作品を利用した上映会の開催については，

a 上映会での利用があらかじめ明示的に承認されているビデオグラム作品を用いる場合

b 個別の上映会の都度，権利者からビデオグラム作品の貸出しを受ける方法

c 映画館やビデオレンタルショップなどがなし得ない，教育機関としての独自な資料提供の使命と義務を自覚して実施する上映会については，特例として上記2の②による方法

のいずれかによるものとする。

② 日本映像ソフト協会会員社は，上記①の方法により供給可能な作品のリストを，図書館に配布するよう努めるものとする。

4　本合意事項の実施については，別に実施要項を定める。
　　　平成 13 年 12 月 12 日

　　　　　　　　　　　　　　　　　　　　　　社団法人日本図書館協会
　　　　　　　　　　　　　　　　　　　　常務理事・事務局長　横山　桂
　　　　　　　　　　　　　　　　　　　　　社団法人日本映像ソフト協会
　　　　　　　　　　　　　　　　　　　　専務理事・事務局長　児玉昭義

　　　　　　　　　　　　　　実施要項
　社団法人日本図書館協会と社団法人日本映像ソフト協会とは，平成 13 年 12 月 12 日に締結した「合意事項」第 4 項に基づき，「実施要項」を以下のとおり定める。
（1）合意事項 2（所蔵ビデオグラムの利用）②bにいう「興行その他，映像ビジネスの全般にわたって，権利者の何らかの利益を損なうおそれのあるとき」とは，例えば映画館，16mm 興行，ビデオレンタルショップやビデオ販売業務などで同一著作物の商業的利用が行われているときなどをいうものとする。
（2）合意事項 2（所蔵ビデオグラムの利用）②bに基づき「上映会」利用の可否について照会を受けた販売元は，当該上映を承認しようとするときは，上映予定日時・場所・客席数等を記載した申請書の提出及び相当な対価の支払いを当該図書館に求めることができる。
　　ただし，販売元が上映を承認しないときは，当該図書館にその理由を明示するものとする。
（3）合意事項 3（所蔵していないビデオグラム作品の利用）②に基づき日本映像ソフト協会会員社が供給可能作品のリストを配付する際には，貸出の申込手続及び担当部署名・電話番号・ファックス番号等を記載するものとする。
（4）「本合意事項」に定めなき事項または解釈に疑義が生じた事項については，両者協議のうえ解決するものとする。
（5）「本合意事項」は，社団法人日本図書館協会及び社団法人日本映像ソフト協会がそれぞれの団体において各会員への周知・徹底をはかったうえ，平成 14 年 6 月 1 日から実施する。
　　平成 13 年 12 月 12 日

図書館におけるビデオ映画上映の基本的方針と上映作品選定の基準について

1996年9月10日
日本図書館協会著作権問題委員会ビデオ専門委員会

　図書館における映像資料は，様々な機器開発や，運用条件の整備（邦画ビデオを除き）などに助けられて，今日急速に定着しつつある。従来の活字資料に加えて，ビデオの個人貸出や上映会の実施によって，図書館の資料提供領域が著しく拡大され，その普及・深化が図られるとともに，国民の知る権利，知る自由の保障に大きく寄与している。

　しかし最近に至って，図書館でのビデオ使用による映画上映会について，権利者側から強い自粛要請が出され，対応に苦慮する館が少なからず生じている。

　確かに一見興行と見まごう上映会が一部に見受けられたことについては，図書館側も自粛すべき点はある。

　しかし基本的には図書館の行う映画上映は，図書館資料の活用なのであり，図書館法にいう「図書，記録その他必要な資料を収集し，整理し，保存して，一般公衆の利用に供し」の一環なのである。映画館やビデオレンタルショップなどがなし得ない，教育機関としての独自な資料提供の使命と義務がそこに存在していることがなおざりにされてはならない。著作権法第38条1項が規定する「上映」行為の許容も，またこれに深くかかわっており，文化・芸術作品を，国民が共有財産として享受する場の設定にわれわれは責任を負っていることを主張する。

　優れた映像資料を守り，それを広く市民に共有してもらう場を維持することは，映像文化や映画人口を育てることにもつながり，権利者の立場と必ずしも抵触するものではないことをわれわれは確信する。

　そこで本委員会としては，権利者の利益侵害が起こらぬように配慮しつつ，著作権法第38条1項で規定している「上映」について，自主的な規範として以下のように上映作品選定の基準を設けるものである。

記

1. 上映を通し，優れた映像資料を広く市民が共有できる場を提供する。
2. 興行上の影響を配慮し，ビデオ頒布後3年以上経過した作品を上映の対象とする。
3. 映画館，レンタルショップなどで見られなくなった作品を優先する。
4. 原作者，監督特集などの，活字資料とのかかわりを優先する。
5. 上映作品の選定については，各図書館内部に委員会を設けて，それによりその図書館の意思として決定する。

■日本図書館協会著作権委員会委員
　小池　信彦（こいけ　のぶひこ）　　委員長，調布市立図書館
　青木　涼（あおき　りょう）　　　　埼玉県立大宮光陵高等学校
　井上　奈智（いのうえ　なち）　　　上田女子短期大学
　梅田　ひろみ（うめだ　ひろみ）　　元 社会福祉法人日本点字図書館
　大友　理佐子（おおとも　りさこ）　札幌保健医療大学図書館
　椎原　綾子（しいはら　あやこ）　　目黒区立八雲中央図書館
　髙木　晃子（たかぎ　あきこ）　　　千葉大学附属図書館
　千田　つばさ（ちだ　つばさ）　　　東京都立南多摩中等教育学校
　長谷川　清（はせがわ　きよし）　　さいたま市立春野図書館　　（2024年8月現在）

■協力者紹介
　前田　拓郎（まえだ　たくろう）
　　弁護士（前田拓郎法律事務所），元出版社勤務，早稲田大学法学部，東京大学法科大学院卒業。専門は，知的財産法（著作権・商標・特許），AI/Iot，VR/AR/XR，メタバース関連事業など。趣味は食べ歩き，テレビゲーム，アニメ。

JLA Booklet no.18

図書館員が知りたい著作権 80 問

2024 年 10 月 25 日　初版第 1 刷発行
2025 年 1 月 20 日　初版第 3 刷発行
定価：本体 1,000 円（税別）

著者：日本図書館協会著作権委員会
協力：前田拓郎
表紙デザイン：笠井亞子
発行者：公益社団法人　日本図書館協会
　　　〒104-0033　東京都中央区新川 1-11-14
　　　Tel 03-3523-0811 ㈹　Fax 03-3523-0841　www.jla.or.jp
印刷・製本：藤原印刷㈱

JLA202430　ISBN978-4-8204-2405-5　　　　　　　　　Printed in Japan
本文用紙は中性紙を使用しています